Deppe · Vorgang, Arten und Einflußfaktoren der Willensbildung in betrieblichen Führungskollegien

UNTERNEHMENSFÜHRUNG IN FORSCHUNG UND PRAXIS
Herausgeber: Prof. Dr. h. c. Dr. Otto R. Schnutenhaus
Mitherausgeber: Prof. Dr.-Ing. Hans Blohm

Organisation, Verwaltung und Arbeitswissenschaft

# Vorgang, Arten und Einflußfaktoren der Willensbildung in betrieblichen Führungskollegien

von Dipl. rer. pol. (techn.) Werner Deppe †



Verlag Neue Wirtschafts-Briefe · Herne/Berlin

Verlag Neue Wirtschafts-Briefe GmbH, Herne/Berlin
1973 — ISBN 3 482 **57451** 0
Herausgeber im Verlage: Rechtsanwalt F. W. Schlenkhoff, Fachanwalt für Steuerrecht, Herne,
und Rechtsanwalt Steuerberater Dr. K. Peter, Recklinghausen

Druck: Pfälzische Verlagsanstalt GmbH, Landau/Pfalz

# Vorwort

Die Erfahrung zeigt, daß die Führung unserer heutigen Unternehmen in zunehmendem Umfang von Führungskollegien wahrgenommen wird. Unternehmen, die durch autonom entscheidende Einzelpersonen geführt werden, sind immer seltener zu beobachten.

Die Gründe für diese Entwicklung sind vielfältiger Natur. Die Führung großer Unternehmen verlangt heute ein solches Maß an Sachwissen, daß nur Pluralinstanzen in der Lage sind, dieses Sachwissen zur Herbeiführung bestmöglicher Entscheidungen auszuschöpfen.

Eine Abkehr vom strengen Direktorialprinzip wird weiterhin auch durch sozialwissenschaftliche Untersuchungen gestützt, nach denen einiges für die These spricht, daß die Entscheidungen von Pluralinstanzen zu besseren Ergebnissen führen als die Entscheidungen von Einzelpersonen.

Der sich abzeichnende Trend zum verstärkten Einsatz kollegialer Führungsgremien und zur zahlenmäßigen Erweiterung schon bestehender Gremien läßt es als notwendig erscheinen, den Willensbildungsprozeß und seine institutionellen Rahmenbedingungen in derartigen Gremien zu analysieren.

Dies ist das Ziel der vorliegenden Arbeit.

Der Verfasser führt seine Untersuchungen unter vorwiegend normativen, eruierenden Gesichtspunkten durch. Dieser normative Gesichtspunkt drückt sich in der Frage aus, wie es einem einzelnen Kollegiumsmitglied gelingen kann, seine spezifischen Interessen im Rahmen des gemeinsamen Entscheidungsprozesses zu realisieren.

Die entwickelten Verfahren zur Kennzeichnung relevanter Methoden in kollegialen Entscheidungsprozessen vollziehen sich auf einer relativ hohen Abstraktionsebene und werden nur gegebenen Orts an konkreten Beispielen verdeutlicht. Die stärkere Konkretisierung und Erprobung der erörterten Verfahren an praktischen Beispielen bleibt ein Feld für weitere Untersuchungen.

Der Verfasser dieser Arbeit verstarb durch Unglücksfall. Ich habe die Arbeit zusammen mit einem früheren Mitarbeiter von mir, Professor Dr. E. Zwicker, durchgesehen, weil sie vom theoretischen Standpunkt aufschlußreich ist und dem Praktiker eine Fülle von Direktiven bietet.

Berlin, im Februar 1973

Otto R. Schnutenhaus

# Inhaltsverzeichnis

# A. Einleitung: Problemstellung, Abgrenzung und Aufbau der Arbeit

Die Unternehmensführung befindet sich gegenwärtig in einem Stadium des Übergangs und des Umbruchs. Im Zuge eines an Geschwindigkeit zunehmenden technischen und gesellschaftlichen Wandlungsprozesses tauchen Probleme auf, die nur mit Hilfe neuer Organisations- und Führungsformen gemeistert werden können[1].

In der betriebswirtschaftlichen Literatur werden gewöhnlich zwei Arten der Willensbildung der Unternehmensführung unterschieden:[2] das Direktorial- und das Kollegialprinzip. Bei dem Direktorialprinzip fällt der Vorgesetzte alle Entscheidungen allein und gibt definitive, unwiderrufliche Anweisungen für ihre Ausführung. Demnach ist das Direktorialprinzip in seiner extremen Form verwirklicht, wenn die Unternehmensführung nur aus einer Person besteht. Direktorialprinzip liegt aber auch dann noch vor, wenn neben der letzten Endes allein zur Entscheidung berufenen Führungsperson noch weitere Personen zur Unternehmensführung gehören. Die Führungsperson ist hier aber berechtigt, ihre Auffassung auch gegen den Willen aller übrigen Mitglieder durchzusetzen.

Das Kollegialprinzip zeichnet sich durch die Mitwirkung aller Führungsgruppenmitglieder an der Willensbildung aus. Das Kollegialprinzip ist nur dann vollständig verwirklicht, wenn entweder gar kein Vorsitzender da ist oder aber der Vorsitz turnusgemäß wechselt oder wenn schließlich zwar ein ständiger Vorsitzender vorhanden, dieser aber nur „Primus inter Pares" ist, d. h. nur die Sitzungen leitet oder bei Stimmengleichheit den Ausschlag gibt. Deshalb definieren Gross, Martin und Darley das Kollegialprinzip folgendermaßen: „All policies are matter of group discussion and decision, encouraged and assisted by the leader, if any[3]."

Zwischen dem Direktorial- und dem Kollegialsystem gibt es noch sogenannte Mischformen. Die folgende Graphik gibt eine Übersicht über die Möglichkeiten der Willensbildung in der Unternehmensführung[4] (siehe Abb. 1):

Entscheidend für die praktische Unternehmensführung ist, daß der Gesetzgeber den Gruppengedanken im neuen Aktiengesetz verankert hat[5]. Die Stellung des Vorstandes, seines Sprechers oder Vorsitzers sowie die intra- und interpersonellen Probleme der einzelnen Mitglieder der Führungsgruppe untereinander spielen bei der praktischen Handhabung der Aufgabenteilung und Entscheidungsabgrenzung eine wesentliche Rolle. In der horizontalen Strukturierung der Führungsgruppe, d. h.

1 Vgl. Häusler, J.: Grundfragen der Betriebsführung, Wiesbaden 1966.

2 Vgl. u. a. Gutenberg, E.: Unternehmensführung, Wiesbaden 1962, S. 45 ff.; Kosiol, E.: Organisation der Unternehmung, Wiesbaden 1962, S. 118 ff.; Schwarz, H.: Die Organisation der Unternehmensleitung, in: Schnaufer, E., Aghte, K. (Hrsg.): Organisation, Bd. 1 der TFB-Handbuchreihe, Berlin und Baden-Baden 1961, S. 588 ff.

3 Gross, N., Martin, W. E., Darley, J. G.: Studies of Group Behavior: Leadership Structures in small organized Groups, in: Browne, P. D., Cohn, T. S. (Hrsg.): The Study of Leadership, Danville 1958, S. 298.

4 Vgl. auch Schwarz, H.: a.a.O., S. 591.

5 Vgl. § 77 AktG vom 6. 9. 1965, BGBl. I, S. 1089.

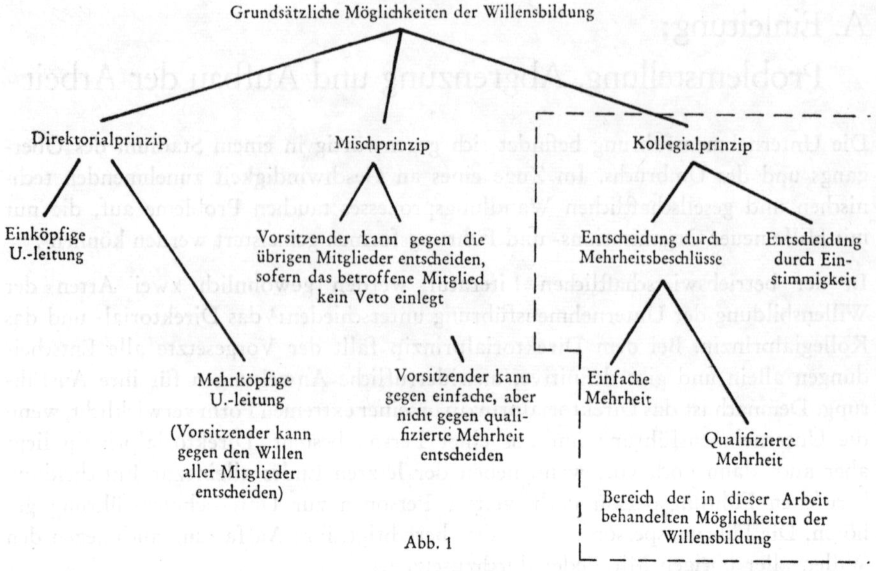


Abb. 1

der Aufgabengliederung in Ressorts, offenbart sich insbesondere durch das nach dem Aktiengesetz verbindlich vorgeschriebene Kollegialprinzip die Problematik der Führungsorganisation.

Aus mehreren Gründen steht das Kollegialprinzip heute im Mittelpunkt des betriebswirtschaftlichen Interesses:[6]

a) In vielen Unternehmen ist die Führungsarbeit heutzutage so umfangreich geworden, daß sie von einer einzigen Person auf die Dauer nicht mehr bewältigt werden kann. Vor allen Dingen ist bei Konzentration der Entscheidungsbefugnisse in einer Hand die quantitative Kapazität für das Treffen von Entscheidungen stark begrenzt[7]. Die Folge dieser begrenzten quantitativen Kapazität ist eine ungenügende Beurteilung der sich bietenden Entscheidungsalternativen, so daß nicht alle anfallenden Entscheidungen mit der genügenden Sorgfalt getroffen werden können.

b) Auch durch die weitgehende Aufgabenspezialisierung wird der Trend zur Schaffung von Pluralinstanzen verstärkt, weil die Vielfältigkeit der Aufgaben die fachliche Eignung einer einzelnen Persönlichkeit übersteigt. Denn die zu treffenden Entscheidungen sind ihrer Art nach sehr verschieden und setzen demnach unterschiedliche Fähigkeiten bei den Entscheidenden voraus. Auch das Wachstum der Unternehmungen bewirkt eine stärkere Spezialisierung von Führungskräften. In

6 Auch in der psychologischen Forschung wird dem Kollegialprinzip oder *dem demokratischen Führungsstil mehr und mehr Beachtung* geschenkt. Vgl. Ahrens, H. J.: Der Effekt der Gruppenentscheidungstheorie auf die Optimalität von Gruppenentscheidungen, in: Psychologische Forschung 1966, S. 183 ff.; Ders.: Zur Optimalität von Gruppenentscheidungen, Dissertation Braunschweig, und die dort angegebene Literatur.

7 Vgl. Adam, D.: Koordinationsprobleme bei dezentralen Entscheidungen, in: ZfB 1969, S. 618.

der zweckmäßigen Arbeitsteilung und der Koordinierbarkeit der Führungskräfte liegt das strukturelle Kernproblem[8].

c) Das Bestreben, einem einzelnen innerhalb der Unternehmung nicht eine zu große Machtstellung einzuräumen, spielt oft eine Rolle[9]. „Collegial management is, in general terms, the collective responsibility of a top management group for the conduct of the affairs of the enterprise. The *basic* objective is to maintain a division and balance of power among management members[10].“ Durch die gegenseitige Kontrolle der einzelnen Mitglieder werden einerseits Maßnahmen zum Schaden der Unternehmung erschwert, andererseits werden wichtige Entscheidungen, die das Gesamtinteresse der Unternehmung berühren, einer eingehenden Prüfung durch eine Mehrzahl von Führungsmitgliedern unterzogen. Diese gegenseitige Kontrolle ist um so notwendiger, je schwerwiegender eine Einzelentscheidung für den Bestand der Unternehmung ist.

d) Ein vierter Grund könnte in der Behauptung mehrerer Autoren liegen, daß die Entscheidung einer Pluralinstanz einer Individualentscheidung überlegen sei[11]. Der Leistungsvorteil einer Gruppe gegenüber einem Individuum *hat vor allen Dingen in der sozialpsychologischen Forschung* eine eingehende Analyse erfahren[12]. Das besondere Interesse gilt hier dem *Suchverhalten der Gruppe beim Lösen von Problemen.* Die Forschungen beruhen noch vielfach auf Wahrscheinlichkeitsgrundlagen und sind nur unter Annahme teilweise unrealistischer Prämissen haltbar. Auch die Frage nach der Messung der Leistungswirksamkeit ist *heute noch nicht exakt gelöst*[13].

Mit der zunehmenden Bedeutung und Praktizierung des Kollegialprinzips wird auch die Problematik der Willensbildung in einer solchen Instanz zu einem wichtigen Faktor. Dabei gibt es in den Fällen der Verwirklichung des Kollegialprinzips zwei Hauptarten: Entweder kann die Willensbildung durch *Mehrheitsbeschlüsse aussagefähig* gemacht werden *oder* es kann *Einstimmigkeit* verlangt werden. Das Verlangen der Einstimmigkeit stellt die stärkste Ausprägung, die Extremform des Kollegialprinzips dar. Die Regelung, daß Beschlüsse durch Mehrheit gefällt werden, kann wieder mit zwei grundlegenden Unterschieden geschehen, nämlich ent-

8 Vgl. Berger, K.-H.: Unternehmensgröße und Leitungsaufbau, Berlin 1968, S. 69 f.

9 Vgl. Arbeitskreis Dr. Krähe: Leitungsorganisation, Köln und Opladen 1958, S. 19 f.

10 Parks, F. N.: Group management, European Style, in: Business Horizons 1966, S. 84.

11 Der wissenschaftliche Beweis dieses Problems ist bisher noch nicht eindeutig erbracht. Vgl. dazu Hofstätter, P. R.: Gruppendynamik, Hamburg 1957, S. 27 ff. und 160 ff.; Mayntz, R.: Soziologie der Organisation, Hamburg 1963, S. 136 ff.; Pfiffner, J. M., Sherwood, F. P.: Administrative Organization, Englewood Cliffs 1960, S. 348 ff.; Smoke, W. H., Zajonc, R. B.: On the Reliability of Group Judgments and Decisions, in: Chiswell, J. H., Solomon, H., Suppes, P. (Hrsg.): Mathematical Methods in small Group Processes, Stanford 1962, S. 322 ff.

12 Vgl. u. a. Carzo, R.: Organizational Structure and Group Effectiveness, in: Administrative Science Quarterly 1963, S. 393 ff.; Lorge, J., Solomon, H.: Group and Individual Behavior in Free-Recall Verbal Learning, in: Chiswell, J. H., Solomon, H., Suppes, P. (Hrsg.): a.a.O., S. 221 ff.; Restle, F.: Speed and Accuracy of Cognitive Achievement in Small Groups, in: Chiswell, J. H., Solomon, H., Suppes, P. (Hrsg.): a.a.O., S. 250 ff.

13 Vgl. Heinen, E.: Das Zielsystem der Unternehmung, Wiesbaden 1966, S. 322 ff.; Mayntz, R.: Die Organisationssoziologie und ihre Beziehungen zur Organisationslehre, in: Schnaufer, E., Aghte, K. (Hrsg.): a.a.O., S. 29 ff.

weder durch die Forderung einer einfachen oder einer qualifizierten Mehrheit, wobei letztere eine Annäherung an die Forderung nach Einstimmigkeit darstellt, also sich einem Punktziel nähern soll.

Die Hauptproblematik bei dieser Art der Willensbildung ist, daß eine Kollegialinstanz nicht geschlossen wie ein einzelner Mensch handeln kann. Denn es ist *immer die Gefahr vorhanden, daß ein einheitlicher Wille überhaupt nicht entsteht.* Das Problem der Willensbildung wird zu einem Problem also überhaupt erst bei der kollegialen Führung. Weiterhin ist zu berücksichtigen, daß bei solchen Gegebenheiten auch informelle Gesichtspunkte eine wesentliche Rolle spielen.

Deshalb hat diese Arbeit das Ziel, den Vorgang, die Arten und maßgebenden Einflußfaktoren der Willensbildung in betrieblichen Führungskollegien zu untersuchen. Es wird dabei hauptsächlich auf entscheidungstheoretische und verhaltenstheoretische Ansätze zurückgegriffen. Die entscheidungstheoretischen Ansätze, die zum Teil enge Beziehungen zu nationalökonomischen Fragestellungen aufweisen, erweitern das klassische, unipersonale Entscheidungsmodell um die Annahme, daß die Entscheidungsakte sich in multipersonalen Entscheidungseinheiten vollziehen[14]. Die verhaltenstheoretischen Aspekte werden vor allen Dingen durch politologische, soziologische, sozialpsychologische, spieltheoretische und kybernetische Forschungen repräsentiert.

Der Hauptteil der Arbeit ist in drei Kapitel untergliedert. Die Willensbildung eines Führungskollegiums angesichts einer Menge von Entscheidungsalternativen kann gedanklich in drei Vorgänge aufgespalten werden:

1. Jedes einzelne Mitglied des Führungsgremiums trifft eine individuelle Präferenzentscheidung, indem es die Entscheidungsalternativen in einer ordinalen Präferenzordnung klassifiziert:

$R_j = f(a_1, a_2, \cdots, a_m)$
$R_j$: Präferenzordnung des Mitglieds j $(j = 1, 2, \cdots, n)$
f: Präferenzfunktion zur Ordnung der Wahlmöglichkeiten oder Alternativen
$a_i$: Entscheidungsalternativen $(i = 1, 2, \cdots, m)$

Die Problematik der Bildung dieser individuellen Präferenzordnungen wird in Kapitel 1 untersucht.

2. In Kapitel 2 wird analysiert, welche Faktoren wirksam sind, wenn die individuellen Präferenzordnungen in einer vor der Abstimmung stattfindenden Diskussion durch explizite wechselseitige Beeinflussung einem möglichen Änderungsprozeß ausgesetzt werden und zeigt Möglichkeiten der Darstellung dieser Phänomene:

$R_j = R_j(B_R, B_M, B_E)$
$B_R$: Rational-motivationale Beeinflussungsfaktoren
$B_M$: Macht-motivationale Beeinflussungsfaktoren
$B_E$: Emotional-motivationale Beeinflussungsfaktoren
$R_j$: Beeinflussungsfunktion zur Änderung der individuellen Präferenzordnung

14 Vgl. Grochla, E.: Erkenntnisstand und Entwicklungstendenzen der Organisationstheorie, in: ZfB 1969, S. 1.

3. Kapitel 3 behandelt schließlich im Rahmen einer normativen Theorie die verschiedenen Arten der Willensbildung in betrieblichen Führungskollegien. Die resultierenden individuellen Präferenzordnungen der Mitglieder werden unter Verwendung einer bestimmten Abstimmungskondition und eines bestimmten Abstimmungsverfahrens zu einer kollektiven Gruppenpräferenzordnung zusammengefaßt. Außerdem wird untersucht, wie die kollektiven Präferenzordnungen durch Stimmstrategien beeinflußt werden können:

$R_g = S(R_1, R_2, \cdots, R_j \cdots, R_n)$

$R_g$: Kollektive Präferenzordnung der Gruppe

S: Kollektive Entscheidungsfunktion

$R_j$: Präferenzordnungen der einzelnen Gruppenmitglieder

In dem abschließenden Kapitel werden dann die Ergebnisse der Arbeit nochmals in Thesenform zusammengefaßt.

# B. Hauptteil

## 1. Die Bildung individueller Präferenzordnungen

### 1.1 Die Auswahl unter Entscheidungsalternativen als wesentliches Merkmal der Willensbildung in betrieblichen Führungskollegien

#### *1.11 Die Bewertungsproblematik bei echten Wahlsituationen*

„Die Entscheidung ist als eine spezielle Form des Wahlverhaltens anzusehen. Eine Wahlsituation ist gekennzeichnet durch das Vorhandensein mehrerer Verhaltens- bzw. Handlungsmöglichkeiten, die alternativen Charakter haben und sich in der Realisation gegenseitig ausschließen[15].“ Ein echte Wahlsituation, die auf eine Entscheidung hinausläuft, stellt sich erst dann, wenn trotz gewisser Unterschiedlichkeit eine eindeutige Höherbewertung einer Entscheidungsalternative nicht möglich ist, wenn mehrere Alternativen jeweils „trotz aller Vorzüge und Besonderheiten in irgendeiner Weise eine Gleichwertigkeit aufweisen[16].“

Die hauptsächliche Schwierigkeit bei der Durchführung von Entscheidungsprozessen liegt in den erforderlichen materiellen Bewertungsvorgängen der Alternativen. Materielle Bewertungsvorgänge liegen in der Phase der Entscheidungsvorbereitung. Ihr Vollzug unterliegt gewissen natürlichen Beschränkungen, die sich aus den Eigenschaften der Entscheidungsmaterie ergeben. Die Eigenschaften der Entscheidungsmaterie ergeben sich aus der Beschaffenheit des Problems selbst sowie aus dessen materiellen und immateriellen Umweltbedingungen. Diese Eigenschaften bestimmen insbesondere, ob die Wertungsvorgänge lediglich rein qualitativ oder aufgrund einer quantitativen Analyse durchgeführt werden können[17]. Der Idealfall ist eine völlig quantifizierbare, d. h. mit realen Mengenwerten (insbesondere mit Zahlen) gleicher oder vergleichbarer Dimension bewertbare Entscheidungsmaterie. In diesem Fall lassen sich die Entscheidungsalternativen zur Erreichung des Unternehmensziels[18] in unmittelbar vergleichbaren und objektivierenden Werten ausdrücken. Der dem Ziel am weitesten entgegenführende Lösungsweg ist deutlich als solcher zu erkennen und zur Ausführung zu bestimmen. Der Vorzug quantifizierbarer Entscheidungsmaterie liegt also in der Sicherheit bei der Bestimmung des

---

15 Arbeitskreis Hax der Schmalenbach-Gesellschaft: Wesen und Arten unternehmerischer Entscheidungen, in: ZfbF 1964, S. 686.

16 Rosenstock, H. A.: Die Entscheidung im Unternehmensgeschehen, Bern 1963, S. 30.

17 Vgl. Griem, H.: Der Prozeß der Unternehmensentscheidung bei unvollkommener Information, Berlin 1968, S. 162 f.

18 Vgl. zur Zielorientiertheit unternehmerischer Entscheidungen Bidlingmeier, J.: Unternehmerziele und Unternehmerstrategien, Wiesbaden 1964; Heinen, E.: Das Zielsystem der Unternehmung, Wiesbaden a.a.O., 1966; Ders.: Einführung in die Betriebswirtschaftslehre, Wiesbaden 1968; Ders.: Die Zielfunktion der Unternehmung, in: Koch, H. (Hrsg.): Zur Theorie der Unternehmung, Wiesbaden 1962, S. 9 ff.; Radner, R.: Mathematical Specification of Goals for Decision Problems, in: Shelly, M. W., Bryan, G. L. (Hrsg.): Human Judgments and Optimality, New York 1964, S. 178 ff.; Schmidt-Sudhoff, U.: Unternehmerziele und unternehmerisches Zielsystem, Wiesbaden 1967; Strasser, H.: Zielbildung und Steuerung der Unternehmung, Wiesbaden 1966; Wächter, H.: Unternehmungs- und Unternehmerziele im sozio-ökonomischen Feld, Göttingen 1969.

günstigsten Lösungsweges durch den Entscheidenden. Es liegt hier keine Wahlsituation im echten Sinn vor.

In den meisten Entscheidungsfällen ist jedoch eine Quantifizierung nur teilweise oder überhaupt nicht möglich. Dann tritt neben die Quantifizierung eine Bewertung der Entscheidungsalternativen durch *qualitative* Merkmale. Zu den qualitativen Merkmalen gehören alle Eigenschaften, die die Annäherung an das Ziel fördern oder behindern. Eine vergleichende Betrachtung dieser Merkmale unter der vereinheitlichenden Steuerung durch das anzustrebende Ziel führt nicht zur eindeutigen Wahlmöglichkeit einer günstigen Alternative. Infolge der Komplexität der Entscheidungsmaterie liegt hier eine echte Wahlsituation vor.

### *1.12 Die Bedingungen zur Bildung individueller Präferenzordnungen*

Falls eine echte Wahlsituation vorliegt, hat jedes Mitglied des Führungsgremiums eine persönliche Präferenzentscheidung zu treffen, indem es die vorhandenen Entscheidungsalternativen in eine Rangordnung bringt. Diese Rangordnung, die in den folgenden Ausführungen individuelle Präferenzordnung genannt werden soll, hat bestimmten theoretischen Bedingungen zu genügen, die hiermit dargestellt werden sollen.

#### 1.121 Das Operationalitätskriterium

Voraussetzung für eindeutige logische Schlußfolgerungen ist, daß die Größen operabel oder operational sind, d. h. sie müssen in eindeutig verständlichen sowie meß- und vergleichbaren Größen ausgedrückt werden[19]. „Messen und demnach Bewerten bedeutet das Aufstellen einer Skala, deren Zahlenwerte dann den einzelnen zu messenden Elementen (Alternativen) beigelegt werden können[20].“ Messen liegt also dann vor, wenn durch die Messungsoperation die Menge der Elemente oder Alternativen irgendwie geordnet wird. Je nach der Zielsetzung muß man also einen verschiedenen Grad der Meßbarkeit[21] in den Meßbegriff einbauen. Nun bedeutet die Anwendung einer normativen Theorie[22], wie sie in dieser Arbeit vorgenommen wird, nicht, daß die Gültigkeit derselben empirisch nachgewiesen werden muß. Das ist nur bei deskriptivem Vorgehen nötig[23]. Deshalb ist es möglich, keine starken Meßbarkeitsgrade anzunehmen, wo man auch mit schwächeren auskommt. Für die Beurteilung der Alternativen sollen in dieser Arbeit deshalb zwei Forderungen erhoben werden:

---

19 Vgl. Albach, H.: Entscheidungsprozeß und Informationsfluß in der Unternehmensorganisation, in: Schnaufer, E., Aghte, K. (Hrsg.): a.a.O., S. 357.

20 Gäfgen, G.: Theorie der wirtschaftlichen Entscheidung, 2. Auflage, Tübingen 1968, S. 140.

21 Vgl. zur Meßbarkeit allgemein und zum Grad der Meßbarkeit insbesondere Coombs, C. H., Raiffa, H., Thrall, R. M.: Some Views on Mathematical Models and Measurement Theory, in: Thrall, R. M., Coombs, C. H., Davis, R. L. (Hrsg.): Decision Processes, New York - London 1954, S. 19 ff.; Krelle, W.: Preistheorie, Tübingen-Zürich 1961, S. 139 ff.; Menges, G.: Grundmodelle wirtschaftlicher Entscheidungen, Köln und Opladen 1969, S. 39 ff.

22 Vgl. Kapitel 3.1

23 Vgl. Coombs, C. H., Raiffa, H., Thrall, R. M.: a.a.O., S. 19 ff.

1. Das Bewertungsmaß soll einen dem Messungszweck entsprechenden Grad der Meßbarkeit haben.

2. Dieser Meßbarkeitsgrad soll operational definiert werden können.

Zu 1.: Für die Zwecksetzung dieser Arbeit ist es ausreichend, eine Relation zwischen allen Elementen der Menge vorhandener Alternativen zu fordern. Es müssen also vergleichende Aussagen über jeweils zwei oder mehr Alternativen möglich sein. Wichtig ist, daß eine solche Ordnung vollständig ist, d. h. sie muß auf sämtliche Elemente in der Gesamtmenge anwendbar sein. Denn falls eine Ordnung unvollständig ist, ist sie auch unvergleichbar. Ein definitorisches Meßsystem, das vergleichende Aussagen in einer vollständigen Ordnung gestattet, erfordert demnach nur ordinale Messungen[24].

Zu 2.: Eine Erweiterung des oben im Sinne von Albach definierten Operationalitätsbegriffes soll insofern vorgenommen werden, daß die Operationalität zusätzlich unter Mathematisierungsgesichtspunkten gesehen wird. Operational sind somit alle Sachverhalte und Zusammenhänge von Sachverhalten, die nach irgendeiner mathematischen Regel, sei es geometrischer oder analytischer Art, behandelt werden können und in dieser Hinsicht eindeutig sind[25].

### 1.122 Die den individuellen Präferenzordnungen zugrunde liegenden Prämissen

Bei Wahlentscheidungen oder Abstimmungen, bei denen es lediglich auf die relative Stellung der einzelnen Entscheidungsalternativen zueinander ankommt, genügt eine ordinale Präferenzskala. Es müssen also vergleichende Aussagen über jeweils zwei oder mehr Alternativen möglich sein. Wenn man die einzelnen Alternativen mit Wertrangzahlen versieht, wie das für die Matrixdarstellung erforderlich ist, setzt man demnach voraus, daß die Wertrangzahl einer subjektiv höher bewerteten Alternative größer ist als die Wertrangzahl einer niedriger bewerteten; die absolute Größe der Wertrangzahl spielt keine Rolle. Beispiel: Falls $a_1$ der Alternative $a_2$ vorgezogen wird und $a_2$ wiederum $a_3$, ergibt sich:

| Wertrangzahl | Alternative |
|---|---|
| 3 | $a_1$ |
| 2 | $a_2$ |
| 1 | $a_3$ |

Auf einer Ordinalskala läßt sich nun entweder eine schwache oder eine starke Ordnung, die die Gesamtmenge der Alternativen umfaßt, darstellen. Innerhalb einer schwachen Ordnung können die Bewertungsrelationen symmetrisch oder asymmetrisch sein. Die symmetrische Relation wird auch als Indifferenz bezeichnet und symbolisch durch das Zeichen $\sim$ wiedergegeben. Der Entscheidungsträger vermag in diesem Fall nicht zwischen den Konsequenzen der betreffenden Alternativen zu unterscheiden, einmal, weil er die Konsequenzen als tatsächlich identisch ansieht, zum andern, weil ihre Wertdifferenz innerhalb des Schwellenwertes der Fühlbarkeit

24 Vgl. zum Problem der ordinalen oder topologischen Meßbarkeit Gäfgen, G.: Theorie der wirtschaftlichen Entscheidung, a.a.O., S. 150.

25 Vgl. Lüder, K.: Das Optimum in der Betriebswirtschaftslehre, Dissertation Karlsruhe 1964, S. 61.

liegt[26]. Die asymmetrische Relation wird Präferenz genannt (Symbol $>$). In diesem Fall wird eine Alternative der anderen eindeutig vorgezogen.

Die schwache Ordnung wird durch folgende Prämissen definiert:[27]

a) Vollständigkeit der Ordnung (Linearitätsprämisse): Über je zwei Alternativen $a_1$ und $a_2$ soll eins und nur eins der folgenden Urteile möglich sein:

$a_1$ wird $a_2$ vorgezogen: $a_1 > a_2$ oder $a_2 < a_1$
$a_2$ wird $a_1$ vorgezogen: $a_2 > a_1$ oder $a_1 < a_2$
$a_1$ und $a_2$ werden als gleichwertig erachtet: $a_1 \sim a_2$ oder $a_2 \sim a_1$.
Allgemein: $a_i \geq a_j$ oder $a_j \leq a_i$ für alle Alternativen $a_i$, $a_j$.

b) Transitivität:

Für drei Alternativen gilt:

falls $a_1 > a_2$ und $a_2 > a_3$, dann auch $a_1 > a_3$
falls $a_1 > a_2$ und $a_2 \sim a_3$, dann auch $a_1 > a_3$
falls $a_1 \sim a_2$ und $a_2 > a_3$, dann auch $a_1 > a_3$
falls $a_1 \sim a_2$ und $a_2 \sim a_3$, dann auch $a_1 \sim a_3$
Allgemein: Aus $a_1 \geq a_2$ und $a_2 \geq a_3$ folgt: $a_1 \geq a_3$

c) Reflexivität:

Für zwei Alternativen $a_1$ und $a_2$ gilt: Aus $a_1 = a_2$ folgt: $a_1 \sim a_2$.

Aufgrund dieser drei Prämissen sind zirkuläre Präferenzbeziehungen ausgeschlossen. Sind die Prämissen b) und c) zugleich erfüllt, ergibt sich eine streng konsistente Präferenzordnung oder kurz Konsistenz. Ein starke Ordnung entsteht dann, wenn bei keinen Alternativen der Gesamtmenge eine Indifferenz auftritt.

Mit Hilfe dieser Prämissen können nun rein formell die individuellen Präferenzordnungen aufgestellt werden. Die individuelle Information der einzelnen Mitglieder der Führungskollegien besteht aus ordinalen Rangordnungen hinsichtlich einer Reihe von Entscheidungsalternativen. Die Problematik für das einzelne Mitglied liegt nun in der Bildung einer rationalen Erwartungsstruktur in bezug auf die Entscheidungsalternativen, damit es eine Rangordnung aufstellen kann.

## 1.2 Die Bildung der Erwartungsstrukturen

Die Problematik bei echten Wahlsituationen besteht in der Tatsache, daß die Konsequenzen der einzelnen Entscheidungsalternativen wegen bestehender Unsicherheit objektiv nicht oder nur angenähert vorher bestimmbar sind.

---

26 Vgl. Krelle, W.: Präferenz- und Entscheidungstheorie, Tübingen 1968, S. 124. Die Einführung eines Schwellenwertes der Fühlbarkeit beruht nach Krelle auf folgenden Überlegungen: Es ist eine Erfahrungstatsache, daß das Unterscheidungs- und Wertungsvermögen eines Menschen erst bei gewissen fühlbaren Unterschieden einsetzt. So ist es einem Subjekt beim Kauf einer größeren Menge eines physischen Gutes z. B. gleichgültig, ob es einige Gramm mehr oder weniger bekommt. Über- oder unterschreitet die Abweichung jedoch eine gewisse Größe, ergibt sich eine eindeutige Präferenzbeziehung. Formell ausgedrückt: $a_1 > a_2$, weil $W(a_1) - W(a_2) \geq \varepsilon$; $a_1 \sim a_2$, weil $W(a_1) - W(a_2) < \varepsilon$, $\varepsilon > 0$, wobei $\varepsilon$ der Schwellenwert der Fühlbarkeit (oder der kleinste noch merkliche Unterschied) und W der subjektive Wert einer Alternative ist.

27 Vgl. Krelle, W.: Präferenz- und Entscheidungstheorie, a.a.O., S. 22.

Bei den Entscheidungskonsequenzen[28] handelt es sich um Größen, die die ökonomische Bedeutung der erwarteten Auswirkungen der zur Wahl stehenden Alternativen angeben. Um eine Alternative auswählen zu können, ist es notwendig, die Konsequenzen sämtlicher Alternativen zu ermitteln. Aus der Vielzahl denkbarer Konsequenzen sind jedoch nur jene zu berücksichtigen, die sich aus den für ein bestimmtes Entscheidungsproblem bedeutsamen Entscheidungskriterien ergeben. Es gibt drei Arten der Entsprechung zwischen den Alternativen und den möglichen Konsequenzen:[29]

1. Sicherheit (certainty): Entscheidungssituationen bei Sicherheit bzw. sichere Erwartungen liegen dann vor, wenn genaues und vollständiges Wissen über die Konsequenzen jeder Alternative besteht. „Die vorhandenen Informationen lassen keinen Zweifel am Eintreten der erwarteten Ereignisse aufkommen[30]."

2. Risiko (risk): Entscheidungssituationen bei Risiko bzw. Risikoerwartungen sind dadurch charakterisiert, daß jede Handlungsweise zu mehreren Ergebnissen führen kann. Es besteht jedoch exaktes Wissen über die objektive Wahrscheinlichkeitsverteilung.

3. Unsicherheit (uncertainty): Bei Unsicherheit können über künftige Ereignisse bzw. Konsequenzen von Alternativen keine definitiven Aussagen gemacht werden. Informationen hierüber sind entweder lückenhaft oder wegen der Einmaligkeit nicht feststellbar. In diesen Fällen spricht man von Entscheidungssituationen unter Unsicherheit bzw. von unsicheren Erwartungen.

Entscheidungssituationen unter Sicherheit werden nach Wilson und Alexis innerhalb sogenannter geschlossener Entscheidungsmodelle behandelt[31]. Geschlossene Entscheidungsmodelle zeichnen sich dadurch aus, daß der Entscheidungsträger eine Wahl vornimmt auf der Basis

a) einer bekannten Reihe von Alternativen mit eindeutigen Konsequenzen bzw. einer bekannten Wahrscheinlichkeitsverteilung unter eindeutig definiertem Zielsystem,

b) einer speziellen Regel oder Relation, die eine bestimmte Ordnung der Alternativen impliziert,

c) des Anstrebens irgendeines Maximums, z. B. Einkommen, Gewinn, Umsatz, Geld, Nutzen.

Beispiele für Lösungsmöglichkeiten derartiger Modelle bilden die Lineare und Nichtlineare Programmierung sowie die Spieltheorie. Begrenzungen oder Nebenbedingungen sind die sogenannten limitierten Resourcen[32].

---

28 Mag nennt die Konsequenzen „ökonomische Folgen", Wild spricht von Entscheidungsresultaten. Vgl. Mag, W.: Grundfragen einer betriebswirtschaftlichen Organisationstheorie, Köln und Opladen 1969, S. 30 ff. sowie Wild, J.: Grundlagen und Probleme der betriebswirtschaftlichen Organisationslehre, Berlin 1966, S. 148.

29 Vgl. March, J. G., Simon, H. A.: Organizations, 9th printing, New York - London - Sydney 1967, S. 137.

30 Heinen, E.: Die Zielfunktion der Unternehmung, a.a.O., S. 30.

31 Vgl. Wilson, C., Alexis, M.: Basic Framework for Decisions, in: Gore, W. J., Dyson, J. W. (Hrsg.): The Making of Decisions, Glencoe 1964, S. 182.

32 Vgl. Menges, G.: a.a.O., S. 175; Griem, H.: a.a.O., S. 166; Wild, J.: Grundlagen und Probleme der betriebswirtschaftlichen Organisationstheorie, a.a.O., S. 192.

Das offene Entscheidungsmodell (open decision model) ist determiniert durch die Einbeziehung einer kontinuierlichen Beeinflussung der Umgebung und befaßt sich mit Unternehmensentscheidungen unter Unsicherheit[33].

aa) Neben dem formellen Zielsystem bestehen bei den Entscheidungsträgern latente oder manifeste persönliche Verhaltensweisen,

bb) Relationen zwischen Entscheidungsalternativen als auch die Konsequenzen sind wegen mangelnder Information nicht oder nur angenähert vorherbestimmbar,

cc) der Entscheidungsträger maximiert nicht, sondern gibt sich mit einem Anspruchsniveau zufrieden[34].

Betriebswirtschaftliche Entscheidungen der Führungsgremien werden vorwiegend unter den zuletzt genannten Bedingungen getroffen[35]. Heinen unterscheidet dabei noch unter externer und interner Ungewißheit[36]. Externe Ungewißheit oder Unsicherheit besteht bei ungenauer Kenntnis aller Umweltbedingungen, interne Ungewißheit ist vielfach organisatorisch bedingt und beruht auf Kommunikationsstörungen.

Nun hat jedes Mitglied des Führungskollegiums vor der kollektiven Willensbildung eine subjektiv vergleichende Betrachtung der Entscheidungsalternativen zur Feststellung der in seiner Vorstellung erfolgversprechenden Alternativen zur Bildung der individuellen Präferenzordnung vorzunehmen. Dazu können die vorhandenen Alternativen anhand von Kriterien oder Einflußgrößen miteinander verglichen werden. Durch die Einflußgrößen bildet sich in dem Entscheidungsträger eine sogenannte Erwartungsstruktur in bezug auf die Konsequenzen der einzelnen Alternativen aus, die in eine individuelle Präferenzordnung transformiert wird. Um eine solche Erwartungsstruktur zu erhalten, wird der Entscheidungsträger versuchen, in paarweisen Vergleichen die Gleichwertigkeit, die aufgrund der unsicheren Zukunft mehr oder weniger ausgeprägt ist, Schritt für Schritt soweit wie möglich aufzulösen[37]. Zu diesem Zweck wird er die höchst unterschiedlichen Erfolgs- oder Mißerfolgsmöglichkeiten der Entscheidungsalternativen gegenüberstellen und gegeneinander abwägen. Darüber hinaus wird der Entscheidungsträger auch eine Bewertung der Alternativen danach vornehmen, ob die Chancen mancher Alternativen gegenüber anderen nur geringe Vorteile aufweisen, während die Risiken wesentlich größer sind. Als gedankliches Hilfsmittel zur Bildung der Erwartungsstruktur bietet sich, wie oben bereits erwähnt, die Beurteilung nach Einflußgrößen oder Kriterien an. Dabei ist es möglich, die Bildung der Erwartungsstruktur anhand eines einzelnen Kriteriums oder anhand mehrerer Kriterien vorzunehmen[38].

---

33 Vgl. Wilson, C., Alexis, M.: a.a.O., S. 193.

34 Zum Begriff des Anspruchsniveaus vgl. Kapitel 3.211, S. 52. Lüthi spricht in diesem Zusammenhang von anspruchsniveauorientierten Entscheidungen. Vgl. Lüthi, H.: Die Überlebensfähigkeit der Unternehmung, in: Die Unternehmung 1969, S. 219.

35 Vgl. Strasser, H.: a.a.O., S. 76 f.

36 Vgl. Heinen, E.: Einführung in die Betriebswirtschaftslehre, a.a.O., S. 65.

37 Vgl. Griem, H.: a.a.O., S. 167 ff.

38 Diese Art dimensionaler Gesichtspunkte ergibt sich auch bei der Psychologie des Urteilens, wo das Material nach einem einzigen Gesichtspunkt beurteilt werden kann (Einfache Urteile — simple judgments) oder wo nach mehreren Aspekten geurteilt wird (Komplexe Urteile — komplex judgments). Vgl. Johnson, D. M.: The Psychology of Thought and Judgment, New York 1955, S. 292 ff.

### 1.21 *Die Bildung der Erwartungsstruktur anhand eines einzelnen Kriteriums*

Ist die Erwartungsstruktur nur nach einem einzelnen Kriterium zu bilden, so ist durch die Beschreibung allein schon die endgültige Präferenzordnung gegeben. Als Beispiel könnte man sich ein Unternehmen vorstellen, das aufgrund günstigerer Preise mit einem neuen Hauptlieferanten für ein wichtiges Produktteil im Ausland verhandelt. Aufgrund innenpolitischer Vorgänge ist aber ein Streik in diesem Land gerade in dieser Branche nicht ausgeschlossen. Einziges Kriterium für das Zustandekommen des Vertrags ist also: Streik oder kein Streik.

In manchen Fällen ist es möglich, durch modellmäßige Betrachtungen zu versuchen, Aussagen über die Auswirkungen des Kriteriums zu erlangen[39]. Wenn der Entscheidungsträger sich bei der Alternativeneinordnung vorwiegend auf Modellergebnisse stützt, richtet sich sein Bemühen auf das Erkennen der Alternative oder Alternativen, die das höchste Maß an Zielwirksamkeit verspricht (versprechen). Die Ermittlung der Zielwirkungen dient der Kennzeichnung der Entscheidungsalternativen und ist Voraussetzung für den Alternativenvergleich und die Alternativenwahl[40]. Demnach wird der Entscheidungsträger erst einmal die Alternativen von der weiteren Betrachtung ausnehmen, die offensichtlich ungeeignet sind. Als grundsätzlich ungeeignet werden „diejenigen Entscheidungsalternativen bezeichnet, die aufgrund entgegenstehender Entscheidungsbeschränkungen nicht realisiert werden können, die im Widerspruch zu den Entscheidungszielen stehen, die ungünstigere Zielwirkungen als andere erreichen werden[41].“ Aus den verschiedenen Alternativen, bei denen nach diesen Aussonderungsentscheidungen weder eine als eindeutig ungünstiger als eine andere noch als eindeutig unzulässig oder unrealisierbar anzusehen ist, muß der Entscheidungsträger seine Präferenzordnung aufstellen.

### 1.22 *Die Bildung der Erwartungsstruktur anhand mehrerer Kriterien*

In der betriebswirtschaftlichen Realität werden zumeist mehrere Kriterien für die Konsequenzen der Alternativen maßgebend sein. Die Gesamtheit der Kriterien bildet die Kriterienkonstellation. Der Entscheidungsträger kann einmal davon ausgehen, daß die Kriterienkonstellation einwertig ist[42]. Er rechnet in diesem Fall mit einer einzigen, exakt bestimmten Kriterienkonstellation. Dem steht die Annahme einer mehrwertigen Kriterienvorstellung gegenüber, bei welcher der Entscheidungsträger nicht eine einzige allein zutreffende Kriterienkonstellation, sondern eine Mehrzahl verschiedenartiger, exakt definierter Situationen ausmacht, deren alternativer Eintritt wahrscheinlich ist. Welche von diesen alternativen Kriterienkonstellationen jedoch tatsächlich eintreten wird, ist ungewiß.

---

39 Vgl. Kosiol, E.: Modellanalyse als Grundlage unternehmerischer Entscheidungen, in: ZfhF 1961, S. 318 ff.

40 Vgl. Kosiol, E.: Modellanalyse, a.a.O., S. 321.

41 Griem, H.: a.a.O., S. 167.

42 Vgl. Koch, H.: Über eine allgemeine Theorie des Handelns, in: Koch, H. (Hrsg.): Zur Theorie der Unternehmung, a.a.O., S. 403.

Die Kriterien können quantitativ oder qualitativ sein, sie können positive oder negative Werttönung haben, d. h. daß die eine Alternative unter dem einen Gesichtspunkt vorteilhaft, unter dem anderen ungünstig erscheint. Die Gesamtheit der Kriterien läßt sich übersichtlich anhand einer Matrix darstellen:[43]

| Alternativen \ Kriterien | $K_1$ | $K_2$ | | $K_j$ | | $K_n$ |
|---|---|---|---|---|---|---|
| $a_1$ | $k_{11}$ | $k_{12}$ | . . | $k_{1j}$ | . . | $k_{1n}$ |
| $a_2$ | $k_{21}$ | $k_{22}$ | . . | $k_{2j}$ | . . | $k_{2n}$ |
| | . | . | | . | | . |
| | . | . | | . | | . |
| $a_i$ | $k_{i1}$ | $k_{i2}$ | . . | $k_{ij}$ | . . | $k_{in}$ |
| | . | . | | . | | . |
| | . | . | | . | | . |
| $a_m$ | $k_{m1}$ | $k_{m2}$ | . . | $k_{mj}$ | . . | $k_{mn}$ |

Abb. 2

In den Matrixzellen stehen die Konsequenzen der Alternativen derart, daß $k_{ij}$ die Beschreibung der Konsequenz der Alternative $a_i$ mit Hilfe des Kriteriums $K_j$ ist. Zwischen den einzelnen Alternativen können hinsichtlich der Kriterien vielfältige Beziehungen bestehen.

### *1.23 Die Beziehungen zwischen Alternativen in bezug auf die Kriterien*

Die Schwierigkeit für den Entscheidungsträger besteht darin, aus den verschiedenen Alternativen eine Erwartungsstruktur hinsichtlich der Reihenfolge zu deduzieren. Zu diesem Zweck müssen zuerst die Beziehungen, die zwischen den einzelnen Alternativen in bezug auf die Kriterien bestehen, analysiert werden. Zwischen den Alternativen sind grundsätzlich folgende Beziehungen denkbar:[44]

a) Alternativendominanz: Diese Form der Beziehungen liegt vor, wenn einer Alternative $a_i$ einer anderen Alternative $a_j$ in der Vorstellung des Entscheidungsträgers in allen Kriterien überlegen ist (strenge Dominanz). Besteht zwischen $a_i$ und $a_j$ nach mindestens einem Kriterium Präferenz, nach allen anderen Indifferenz, so gilt auch hier die Dominanzbeziehung (einfache Dominanz).

b) Alternativenindifferenz oder -neutralität: Besteht zwischen $a_i$ und $a_j$ nach allen Kriterien Indifferenz, so liegt auch unter den Alternativen Indifferenz vor. In diesem Fall ergeben sich demnach unter den Alternativen symmetrische Relationen.

c) Alternativenantinomie: Der relativ häufigste Fall ist durch das Bestehen eines Dilemmas gekennzeichnet[45], nämlich der Alternativenantinomie. Dieser Fall liegt dann vor, wenn hinsichtlich des einen Kriteriums für manche Alternativen Do-

43 Eine ähnliche Matrix findet sich bei Heinen, E.: Einführung in die allgemeine Betriebswirtschaftslehre, a.a.O., S. 101 ff.

44 Vgl. Bleicher, K.: Führungsstile, Führungsformen, Organisationsformen, in: ZfO 1969, S. 36. Heinen unterscheidet analog komplementäre, indifferente und konkurrierende oder konfliktäre Beziehungen; vgl. Heinen, E.: Einführung in die allgemeine Betriebswirtschaftslehre, a.a.O., S. 101 ff.

45 Vgl. Gäfgen, G.: Theorie der wirtschaftlichen Entscheidung, a.a.O., S. 119.

minanz besteht, während bei anderen Kriterien Dominanz zugunsten der anderen Alternativen vorliegt. Man kann auch sagen, die Alternativen verhalten sich hier konfliktär oder konkurrierend. Die Probleme, die sich bei konfliktären Alternativenbeziehungen ergeben, werden um so schwerwiegender, je größer die Zahl der Kriterien oder Einflußgrößen wird. Dem Entscheidungsträger bieten sich hier zwei Hilfsmittel an, anhand derer er das Bestehen dieses Dilemmas auflösen kann: die Kriteriengewichtung und die Auflösung mittels der lexikographischen Ordnung.

### 1.231 Die Auflösung der Alternativenantinomie mittels Kriteriengewichtung

Bei dieser Methode wird jedem Kriterium $K_j$ von dem Entscheidungsträger ein Gewichtsfaktor $g_j$ zugeordnet, der den individuellen Präferenzstärken für dieses Kriterium entspricht. Durch Aggregation aller Konsequenzen einer Alternative kann jetzt ein Gesamtwert ermittelt werden, der eine vergleichende Betrachtung der Alternativen zur Bildung einer individuellen Präferenzordnung ermöglicht (vgl. Abb. 3).

| Kriterien (gewichtet) / Alternativen | $K_1 \cdot g_1$ | $K_2 \cdot g_2$ | — | $K_j \cdot g_j$ | — | $K_n \cdot g_n$ | $\sum_{j=1}^{n} k_{ij} \cdot g_j$ |
|---|---|---|---|---|---|---|---|
| $a_1$ | $k_{11} \cdot g_1$ | $k_{12} \cdot g_2$ | — | $k_{1j} \cdot g_j$ | — | $k_{1n} \cdot g_n$ | |
| $a_2$ | $k_{21} \cdot g_1$ | $k_{22} \cdot g_2$ | — | $k_{2j} \cdot g_j$ | — | $k_{2n} \cdot g_n$ | |
| \| | \| | \| | | \| | | \| | |
| $a_i$ | $k_{i1} \cdot g_1$ | $k_{i2} \cdot g_2$ | — | $k_{ij} \cdot g_j$ | — | $k_{in} \cdot g_n$ | |
| \| | \| | \| | | \| | | \| | |
| $a_m$ | $k_{m1} \cdot g_1$ | $k_{m2} \cdot g_2$ | — | $k_{mj} \cdot g_j$ | — | $k_{mn} \cdot g_n$ | |

Abb. 3

Dabei kann der Gewichtungsfaktor eine beliebige reelle Zahl sein, die desto größer ist, je höhere Bedeutung der Entscheidungsträger dem Kriterium beimißt. Wären alle Kriterien gleich gewichtet, so hätte der Gesamtwert die Größe $\sum_{j=1}^{n} k_{ij}$. Gehen die Präferenzen dagegen mit dem unterschiedlichen Gewicht $g_j$ ein, so ergibt sich für jede Alternative ein Gesamtwert von $\sum_{j=1}^{n} k_{ij} \cdot g_j$. Die höchste Wertrangzahl erhält dann die Alternative $a_i$ mit dem Wert: $a_i = \max\limits_{1 \leq i \leq m} (\sum_{j=1}^{n} k_{ij} \cdot g_j)$. Voraussetzung für diese Art der Antinomieauflösung ist jedoch die Aggregierbarkeit der einzelnen Größen $k_{ij}$. Das ist in den Fällen besonders problematisch, in denen die Konsequenzen qualitativer Natur sind. Hier wird es nötig sein, die Größen $k_{ij}$ in sogenannte Nutzenwerte $u_{ij}$ zu transformieren. Durch Gewichtung und Aggregation erhält man dann einen sogenannten sozialen Wert $\sum_{j=1}^{n} u_{ij} \cdot g_j$[46].

46 Vgl. Minas, J. S., Ackoff, R. L.: Individual and Collektive Judgments, in: Shelly, M. W., Bryan, G. L. (Hrsg.): a.a.O., S. 355. Ein ähnliches Konzept wurde in einer Feldstudie von Ackoff verwendet, wo eine Budget-Entscheidung über die jährlichen Anschaffungen anhand des sozialen Wertes getroffen wurde. Vgl. dazu Ackoff, R. L.: Scientific Methods, New York 1962.

### 1.232 Die Auflösung der Alternativenantinomie mittels einer lexikographischen Ordnung

Die zweite Möglichkeit der Antinomieauflösung besteht für den Entscheidungsträger darin, die Kriterien mittels einer lexikographischen Ordnung einzustufen[47]. In diesem Fall werden die Kriterien nach ihrer Wichtigkeit oder Bedeutung geordnet:

$K_1 \cdot g_1, K_2 \cdot g_2, \ldots, K_j \cdot g_j, \ldots, K_n \cdot g_n$ mit $g_1 > g_2 \ldots > g_j \ldots > g_n$.
Zuerst werden die Alternativen nach dem wichtigsten Kriterium $K_1$ beurteilt. Ergibt sich in diesem Fall Indifferenz, wird die Beurteilung nach dem nächst wichtigen Kriterium $K_2$ vorgenommen usw., bis der Entscheidungsträger eine eindeutige Reihenfolge der Alternativen gefunden hat. Ein Beispiel soll den Vorgang erläutern: Ein Produktionsleiter hat zwischen vier Investitionsprojekten $P_1$ — $P_4$ zu entscheiden. Als Kriterium kommen in Betracht: 1. Die interne Ertragsrate als Indikator für die Rentabilität des Projektes ($K_1$), 2. der Kapitalbedarf ($K_2$), 3. die Erweiterungsfähigkeit der Anlage ($K_3$). Das Beispiel enthält also ein quantitatives positives Kriterium ($K_1$), ein quantitatives negatives Kriterium ($K_2$) und ein qualitatives Kriterium ($K_3$).

| Kriterien / Alternativen | $K_1$ in % | $K_2$ in Mio. DM | $K_3$ | Resultierende individuelle Präfo. (Wertrangzahl) |
|---|---|---|---|---|
| $P_1$ | 12,00 | 4,6 | ja | 2 |
| $P_2$ | 12,00 | 4,6 | nein | 1 |
| $P_3$ | 12,00 | 3,0 | ja | 3 |
| $P_4$ | 16,00 | 6,0 | nein | 4 |

Abb. 4

Für den Produktionsleiter hat also das Kriterium der internen Ertragsrate Priorität vor den anderen Kriterien. Die Alternative $P_4$ wird von ihm demnach am höchsten eingestuft. Da die Alternativen $P_1$ — $P_3$ nach dem gleichen Kriterium Indifferenz aufweisen, beurteilt er sie nach dem Kriterium $K_2$ usw. Diese Alternativen, nach ihrer Wichtigkeit geordnet, bilden dann die Rangfolge $P_3$, $P_1$, $P_2$.

## 2. Die Umwertung der individuellen Präferenzordnungen durch soziale Beeinflussung

### 2.1 Die Beeinflussungsdeterminanten

Es ist realistisch anzunehmen, daß die individuellen Präferenzordnungen in einer vor der Abstimmung stattfindenden Diskussion durch wechselseitige Beeinflussung

47 Vgl. Gäfgen, G.: Theorie der wirtschaftlichen Entscheidung, a.a.O., S. 154.

einem möglichen Umwertungsprozeß unterliegen. Voraussetzung einer sozialen Beeinflussung ist ein sozialer Kontakt zwischen Individuen. Ein sozialer Kontakt zwischen Individuen findet statt, wenn zwischen ihnen eine Kommunikation stattfindet. Der Begriff „Kommunikation" faßt eine ganze Klasse von Ereignissen zusammen, die sich gemäß spezifischen Regeln zwischen „Zeichen-Aussendenden" und „Zeichen-Empfangenden" realisieren. Der Kommunikationsprozeß selbst ist in der betriebswirtschaftlichen Literatur bereits eingehend behandelt worden[48]. Im folgenden sollen deshalb nur noch einmal die Bedingungen eines Kommunikationsprozesses zusammengefaßt werden:[49]

a) Sender und Empfänger müssen über ein hinreichend übereinstimmendes Repertoire an Zeichen sowie über die gleichen Regeln zur Verknüpfung dieser Zeichen verfügen.

b) Zwischen den Partnern muß Übereinstimmung über die Bedeutung dieser Zeichen und Symbole bzw. ihrer Verknüpfungsregeln bestehen.

c) Das Informationspotential des Empfängers muß ausreichen, die ankommende Nachricht zu verstehen und einzuordnen.

d) Die Botschaft muß für den Empfänger als hinreichend beachtenswert und wichtig eingeschätzt werden.

e) Die Botschaft sollte möglichst Argumente und Informationen anbieten, die sich entweder an die gegebenen Umstände des Empfängers in emotionell befriedigender Weise anpassen oder die instrumentell, also zur Zielerreichung, verwertbar sind. Wichtig ist, daß Kommunikation nicht nur Informationsaustausch beinhaltet, sondern auch eine das Verhalten der Empfänger steuernde Funktion hat. Damit ist Kommunikation auch als ein Geschehen gekennzeichnet, bei dem Individuen Informationen mit dem Ziel übermitteln, um auf andere Individuen einen Einfluß auszuüben, d. h. bei den Empfängern sollen jeweils solche Einstellungen und Verhaltensweisen aufgebaut werden, die mit den Intentionen des Senders bzw. der von ihm repräsentierten Gruppe übereinstimmen. Der Sender trifft hierzu aus dem Repertoire der für ihn möglichen Beeinflussungsfaktoren seiner jeweiligen Zielsetzung entsprechend eine Auswahl und übt damit auf den Empfänger einen Einfluß aus. Es können generell drei Gruppen von Beeinflussungsfaktoren oder -determinanten unterschieden werden, aufgrund derer eine Umwertung der individuellen Präferenzordnungen möglich ist: rational-motivationale, machtmotivationale sowie emotional-motivationale Beeinflussungsdeterminanten.

---

48 Vgl. u. a. Haseloff, W.: Über Wirkungsbedingungen politischer und werblicher Kommunikation, in: Haseloff, W. (Hrsg.): Kommunikation, Berlin 1969, S. 151 ff.; Heinrich, L. J.: Die Ausschaltung von Störungen als Voraussetzung optimaler Berichterstattung, Dissertation Karlsruhe 1963; Irle, M.: Gruppendynamik und Kommunikation, in: Haseloff, W. (Hrsg.): a.a.O., S. 39 ff.; Kramer, R.: Die betriebswirtschaftliche Bedeutung von Information und Kommunikation, Berlin 1965; Krug, H.: Parameter von Kommunikationsstrukturen — Möglichkeiten und Grenzen ihrer Anwendung, in: ZfO 1969, S. 81 ff.; Schramm, W. (Hrsg.): Grundfragen der Kommunikationsforschung, München 1968.

49 Vgl. dazu auch Haseloff, W.: a.a.O., S. 160 f.

## *2.11 Rational-motivationale Beeinflussung*

In Fällen der Gruppenkommunikation findet entweder primär eine einseitige Informationsübertragung statt, d. h. einer der Entscheidungsträger monologisiert (Vortrag), oder es entsteht eine zweiseitige Kommunikation (Diskussion)[50]. „A discussion is conceived as a situation in which one or several persons try to persuade one or several others or in which two or more persons try to persuade each other[51]." Unter rational-motivationaler Beeinflussung soll eine Beeinflussung der Entscheidungsträger durch rationale logische Argumente verstanden werden, die in Monologen und Diskussionen vorherrschen. Anhand eines Modells von Adler und Loether seien im folgenden die möglichen Auswirkungen untersucht, die durch sachliche Argumentation im Hinblick auf die Präferenzordnungen der Entscheidungsträger auftreten können. Empfänger sei(en) stets die Person(en), die einem sozialen Einfluß ausgesetzt ist (sind) oder unter dem Druck sozialer Beeinflussung handelt (handeln). Sender sei stets der Partner, der einen sozialen Druck ausübt.

Adler und Loether unterteilen das mögliche Verhalten eines Empfängers anhand einer sozialen Beeinflussung durch Argumente innerhalb einer Gruppendiskussion oder durch einseitige Informationsübertragung in fünf Kategorien:

Kategorie a: Absolute Konformität: Der Empfänger wird durch die Argumente des Senders vollkommen überzeugt und ändert seine Präferenzordnung entsprechend.

Kategorie b: Relative Konformität: Der Empfänger steht den Argumenten positiv gegenüber, hat jedoch noch Vorbehalte.

Kategorie c: Indifferenz: Der Empfänger verhält sich indifferent; er ist unentschlossen.

Kategorie d: Relative Diskonformität: Der Empfänger steht dem Beeinflussungsversuch ungünstig gegenüber, zeigt aber noch keine vollkommen ablehnende Haltung.

Kategorie e: Absolute Diskonformität: Der Empfänger bleibt völlig unbeeinflußt, seine Präferenzordnung bleibt unverändert.

Es wird nun angenommen, daß eine Sequenz von Argumenten von dem Sender $x_i$ vorgebracht wird, wobei jedes Argument eine Beeinflussungsmöglichkeit auf den Empfänger $x_j$ einschließt. Die möglichen Verhaltensweisen auf jeder Stufe (durch $t_i$, $i = 1, 2, \cdots, n$, indiziert) können dann anhand einer Graphik analysiert werden (siehe Abb. 5):

50 Die Frage nach der größeren Wirksamkeit von Monologen oder Diskussionen war Gegenstand experimenteller Studien. Nach diesen sind Individuen zur freiwilligen Übernahme von Entscheidungsprämissen leichter durch Diskussionen als durch Monologe zu bewegen. Die Überlegenheit der Diskussion zeigte sich besonders bei der starken Veränderung fest verankerter Attitüden. Vgl. dazu Berelson, B., Steiner, G. A.: Human Behavior, New York - Chicago — Burlingame 1964, S. 546 ff.

51 Adler, F., Loether, H.: Group Discussion as Persuasion Process: A Mathematical Model, in: Sociologia Internationalis 1966, S. 28 f.

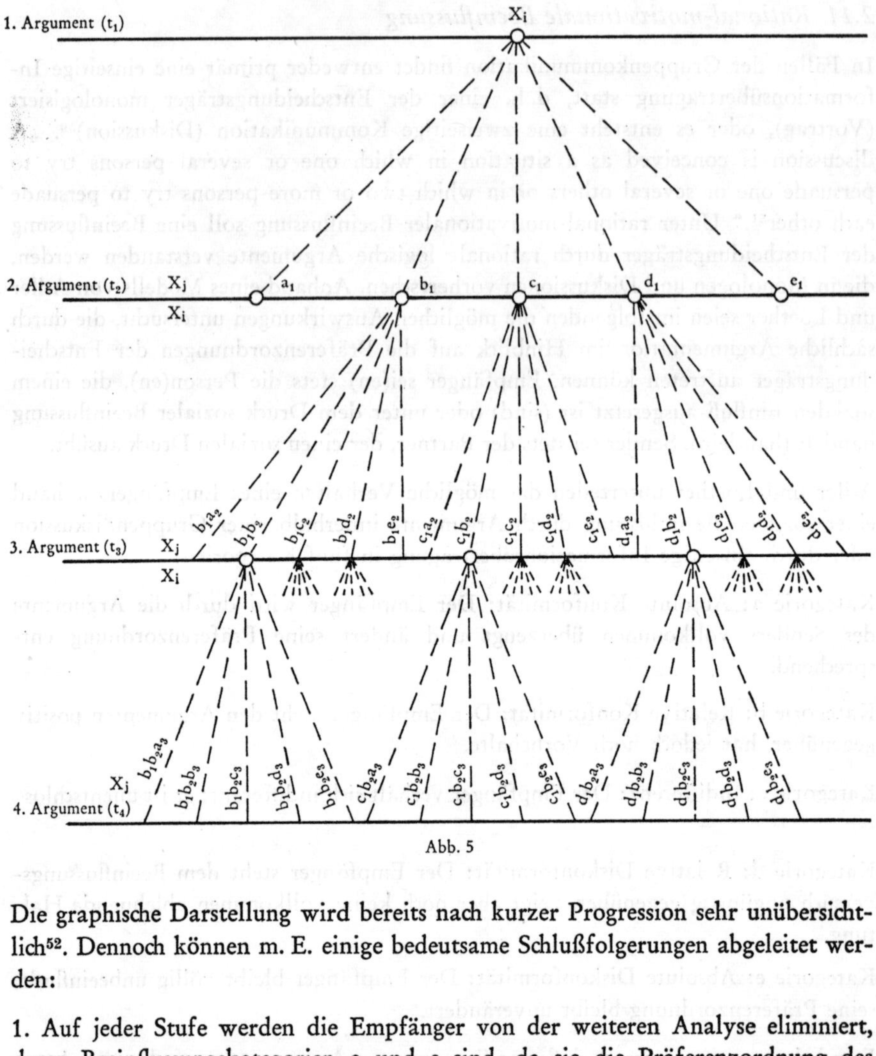


Abb. 5

Die graphische Darstellung wird bereits nach kurzer Progression sehr unübersichtlich[52]. Dennoch können m. E. einige bedeutsame Schlußfolgerungen abgeleitet werden:

1. Auf jeder Stufe werden die Empfänger von der weiteren Analyse eliminiert, deren Beeinflussungskategorien a und e sind, da sie die Präferenzordnung des Senders übernehmen oder aber starr an ihrer eigenen Präferenzordnung festhalten.

2. Prozessual kann sich die soziale Beeinflussung über viele Stufen hinziehen und folgende Wirkungen bei den Empfängern hervorrufen:

a) Persistenz: Die Beeinflussungskonsequenzen bleiben konstant, z. B. $(b_1b_2b_3)$, $(c_1c_2c_3)$, $(d_1d_2d_3)$.

52 Falls eine Wahrscheinlichkeitsverteilung für das Auftreten der Beeinflussungskategorien bei den Empfängern existiert, läßt sich anhand einer Markovkette 1. Ordnung ein Simulationsmodell für voraussichtliche Attitüdenänderungen aufstellen. Vgl. Adler, F., Loether, H.: a.a.O., S. 32 ff.; Henn, R., Künzi, H. P.: Einführung in die Unternehmensforschung II, Berlin - Heidelberg - New York 1968, S. 131 ff.

b) Positive Attitüdenänderung

um einen Schritt, z. B. ($b_1a_2$), ($c_1b_2$), ($d_1c_2$)
um zwei Schritte, z. B. ($c_1a_2$), ($d_1b_2$)
um drei Schritte, z. B. ($d_1a_2$)

c) Negative Attitüdenänderung

um einen Schritt, z. B. ($b_1c_2$), ($c_1d_2$), ($d_1e_2$)
um zwei Schritte, z. B. ($b_1d_2$), ($c_1e_2$)
um drei Schritte, z. B. ($b_1e_2$)

Anhand dieser Attitüdenänderungen kann wiederum auf die Macht der Argumente geschlossen und gefolgert werden, ob die Beeinflussung wirksam war oder nicht.

3. Individuen haben allgemein das Bedürfnis, ihre Urteile und Meinungen an der Realität zu überprüfen (Realitätstest 1. Art)[53]. Falls ihnen das unmöglich ist, tendieren sie dazu, ihre Erwartungen und Überzeugungen mit denen anderer Menschen zu vergleichen (Realitätstest 2. Art). Übereinstimmung und Nichtübereinstimmung werden die Kriterien zur Bewertung der Richtigkeit der eigenen Urteile. In den Gruppendiskussionen werden die individuellen Präferenzordnungen gemäß dem Realitätstest 2. Art überprüft. Den Widerspruch zu einer Einzelperson wird ein Individuum dabei in geringerem Maße empfinden als den Widerspruch zu einer Majorität. Denn je größer die Zahl der abweichenden Partner ist, desto mehr fühlt eine Person die subjektive Richtigkeit ihrer Bewertungen in Frage gestellt. Daher wird eine Person um so eher zu einer Wandlung ihrer Bewertungen bereit sein, je größer die Zahl der Dissonanzpartner[54] ist. Folglich finden in einer Gruppendiskussion, in der Beeinflussungsversuche stattfinden, hauptsächlich drei Arten von Gleichgewichtsprozessen statt:[55]

a) Der betreffende Sender wird versuchen, die schon bestehenden Präferenzordnungen anderer Mitglieder zu beeinflussen und sie seiner eigenen Beurteilung des relevanten Sachverhalts anzupassen.

b) Der Sender wird seine eigene Auffassung den Meinungen der anderen Mitglieder angleichen.

c) Sind die Widerstände divergierender Präferenzordnungen gegenüber Änderungen zu stark, mißlingen also Einflußversuche, wird durch die Majorität ein starker Druck auf die Abweichler ausgeübt. Gruppen tendieren dazu, einen Druck zur Konformität der Urteile auf ihre Mitglieder auszuüben[56].

---

53 Vgl. Irle, M.: Gruppendynamik und Kommunikation, in: Haseloff, W. (Hrsg.): a.a.O., S. 104.

54 Unter Dissonanz versteht man eine Spannung als Ergebnis unausgeglichener Beziehungen oder sozialer Nichtübereinstimmung. Es entsteht ein Verlangen, dieser Spannung durch Anpassung zu entgehen. Vgl. Festinger, L.: A Theory of Cognitive Dissonance, Evanston 1957, S. 3 ff.

55 Vgl. Irle, M.: a.a.O., S. 104.

56 Ebenda, S. 103. Vgl. dazu auch Festinger, L.: Informal Social Communication, in: Psychological Review 1950, S. 271 ff.; Simon, H. A.: Models of Man, 2nd Printing, New York - London 1961, S. 131 ff.

### *2.12 Macht-motivationale Beeinflussung*

Bei der Untersuchung der Einflußfaktoren auf die Willensbildung erhebt sich auch unmittelbar die Frage, ob sich nicht ein Maßstab für die Stärke oder Schwäche eines Entscheidungsträgers oder die Machtstruktur der ganzen Gruppe aufstellen läßt. Macht kann man allgemein definieren als eine Beziehung zwischen verschiedenen Personen[57], unter sozialer Macht versteht Harsanyi die Fähigkeit, verschiedene Dinge zu erreichen[58]. Weber interpretiert Macht als „jede Chance, innerhalb einer sozialen Beziehung den eigenen Willen auch gegen Widerstand durchzusetzen, gleichviel, worauf diese Chance beruht[59].

Auch in horizontalen Führungskollegien ist die Annahme von Machtbeziehungen realistisch, sei es, daß einige Mitglieder ein größeres Durchsetzungsvermögen besitzen, sei es, daß ihre Macht in größerer Sachkenntnis oder intellektueller Fähigkeit begründet liegt. Dahl erwähnt fünf Variable zur Beurteilung von Machtbeziehungen innerhalb eines Führungskollegiums:[60]

1. Grundlage der Macht (base of power), d. h. die Hilfsmittel, die einem Entscheidungsträger $e_i$ zur Beeinflussung des Verhaltens von $e_j$ (und anderer Mitglieder) einsetzen kann;

2. Machtmittel (means of power), d. h. spezielle Aktionen (z. B. Drohungen), mit denen sich der Entscheidungsträger $e_i$ die Hilfsmittel zunutze machen kann;

3. Machtbereich (scope of power), d. h. die Aktionen, deren Durchführung $e_i$ mit Hilfe seiner Machtmittel von $e_j$ erzwingen kann;

4. Machtfülle (amount of power), d. h. die Wahrscheinlichkeit dafür, daß $e_j$ oder ein anderes Mitglied einer bestimmten Beeinflussung nachgibt, falls $e_i$ seine Machtmittel einsetzt;

5. Machtausdehnung (extension of power), d. h. die Mitglieder, über die $e_i$ Macht hat.

Innerhalb eines Führungskollegiums ist im Hinblick auf die Willensbildung die Machtausdehnung die wichtigste Variable. Mit ihr läßt sich der Einfluß eines Entscheidungsträgers auf ein oder mehrere andere Gruppenmitglieder ableiten. Die Machtausdehnung in Führungskollegien kann mit der sogenannten Dominanztheorie analysiert werden[61]. Falls keine strenge Konsistenz vorausgesetzt wird, kann man mögliche Dominanzstrukturen innerhalb einer Gruppe mit Hilfe der Graphentheorie[61a] aufstellen. So sind z. B. die möglichen Dominanzstrukturen in einer Dreiergruppe (siehe Abb. 6 und 7):

---

57 Vgl. Dahl, R. A.: The Concept of Power, in: Behavioral Science 1957, S. 202.

58 Vgl. Harsanyi, J.: Messung der sozialen Macht, in: Shubik, M. (Hrsg.): Spieltheorie und Sozialwissenschaften, Hamburg 1965, S. 203.

59 Weber, M.: Wirtschaft und Gesellschaft, 1. Bd., Köln und Berlin 1964, S. 30.

60 Dahl, R. A.: a.a.O., S. 203.

61 Vgl. Coleman, J. S.: The Mathematical Study of Small Groups, in: Solomon, H. (Hrsg.): Mathematical Thinking in the Measurement of Behavior, Glencoe 1960, S. 94 ff.

61a Vgl. Henn, R., Künzi, H. P.: Unternehmensforschung II, a.a.O., S. 138 ff.

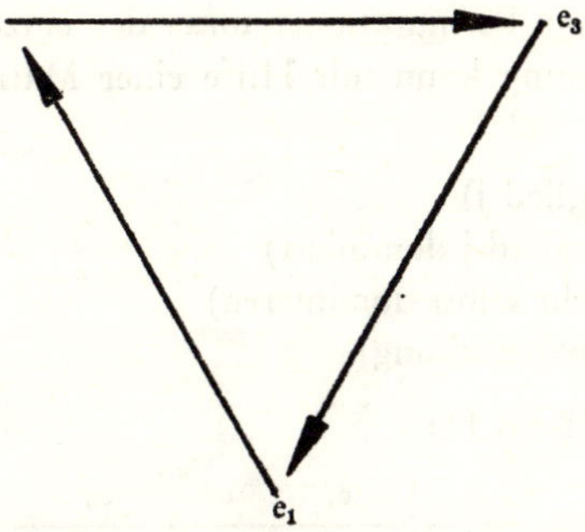

Abb. 6

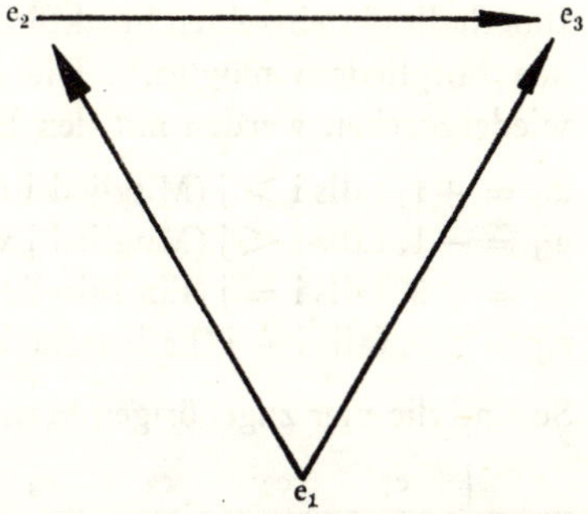

Abb. 7

In Abb. 6 dominiert jeder Entscheidungsträger einen anderen und wird von einem anderen dominiert. In Abb. 7 dominiert Mitglied $e_1$ zwei andere: $e_2$ und $e_3$; Mitglied $e_2$ dominiert $e_3$, wird aber von $e_1$ dominiert; Mitglied $e_3$ wird von $e_1$ und $e_2$ dominiert. Bei vier Mitgliedern eines Führungskollegiums sind folgende Dominanzstrukturen möglich:[62]

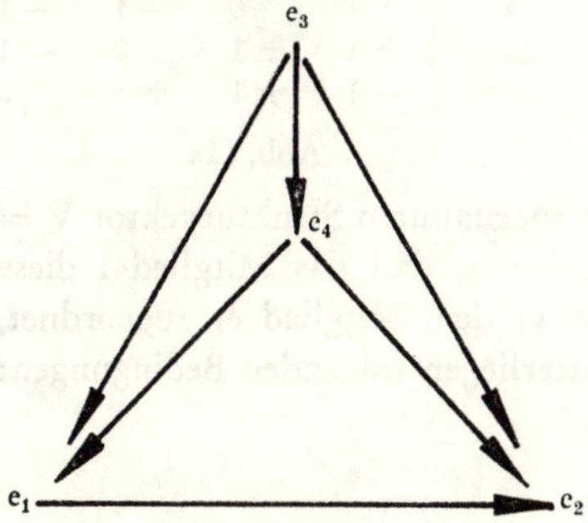

Abb. 8

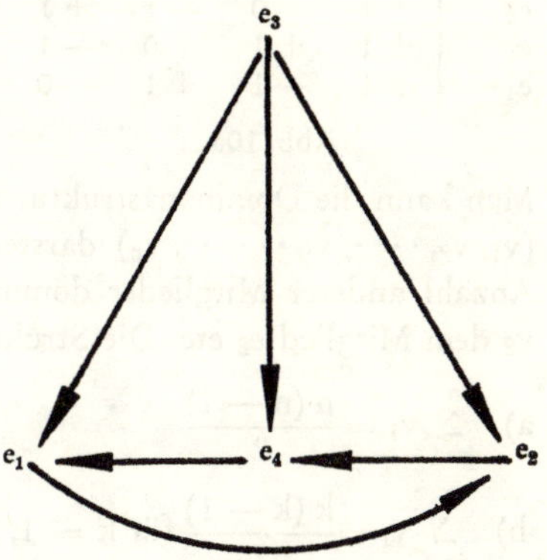

Abb. 9

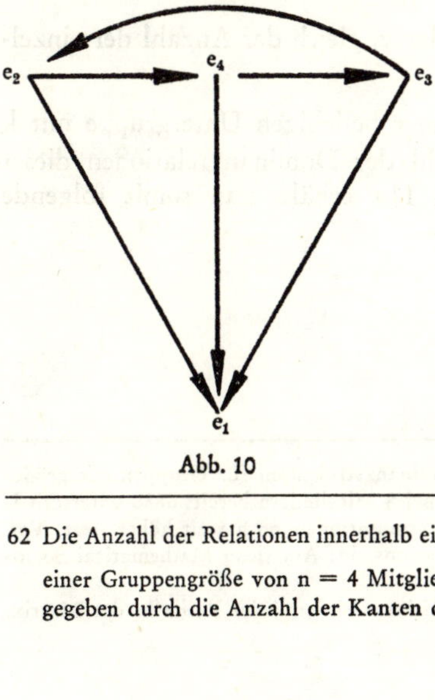

Abb. 10

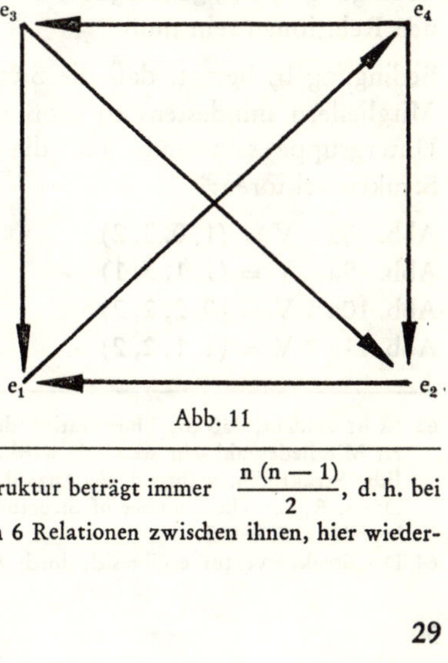

Abb. 11

62 Die Anzahl der Relationen innerhalb einer Dominanzstruktur beträgt immer $\frac{n\,(n-1)}{2}$, d. h. bei einer Gruppengröße von $n = 4$ Mitgliedern erhält man 6 Relationen zwischen ihnen, hier wiedergegeben durch die Anzahl der Kanten der Graphen.

Innerhalb der einzelnen Strukturen sind wiederum Permutationen unter den einzelnen Mitgliedern möglich[63]. Die genaue Zuordnung kann mit Hilfe einer Matrix wiedergegeben werden mit den Eigenschaften:

$a_{ij} = +1$, falls $i > j$ (Mitglied i dominiert Mitglied j)
$a_{ij} = -1$, falls $i < j$ (Mitglied i wird durch Mitglied j dominiert)
$a_{ij} = 0$, falls $i = j$ (Ein Mitglied kann sich nicht selbst dominieren)
$a_{ij} = 0$, falls $i \neq j$ (Es besteht keine Dominanzbeziehung).

So sind die vier zugehörigen Matrizen der Abb. 8 bis 11:

| | $e_1$ | $e_2$ | $e_3$ | $e_4$ |
|---|---|---|---|---|
| $e_1$ | 0 | +1 | −1 | −1 |
| $e_2$ | −1 | 0 | −1 | −1 |
| $e_3$ | +1 | +1 | 0 | +1 |
| $e_4$ | +1 | +1 | −1 | 0 |

Abb. 8a

| | $e_1$ | $e_2$ | $e_3$ | $e_4$ |
|---|---|---|---|---|
| $e_1$ | 0 | +1 | −1 | −1 |
| $e_2$ | −1 | 0 | −1 | +1 |
| $e_3$ | +1 | +1 | 0 | +1 |
| $e_4$ | +1 | −1 | −1 | 0 |

Abb. 9a

| | $e_1$ | $e_2$ | $e_3$ | $e_4$ |
|---|---|---|---|---|
| $e_1$ | 0 | −1 | −1 | −1 |
| $e_2$ | +1 | 0 | −1 | +1 |
| $e_3$ | +1 | +1 | 0 | −1 |
| $e_4$ | +1 | −1 | +1 | 0 |

Abb. 10a

| | $e_1$ | $e_2$ | $e_3$ | $e_4$ |
|---|---|---|---|---|
| $e_1$ | 0 | −1 | −1 | +1 |
| $e_2$ | +1 | 0 | −1 | −1 |
| $e_3$ | +1 | +1 | 0 | −1 |
| $e_4$ | −1 | +1 | +1 | 0 |

Abb. 11a

Man kann die Dominanzstruktur nun mit einem sogenannten Strukturvektor $V = (v_1, v_2, \cdots, v_i, \cdots\cdots, v_n)$ darstellen, wo $v_i$ bedeutet, daß das Mitglied i diese Anzahl anderer Mitglieder dominiert. Dabei ist $v_1$ dem Mitglied $e_1$ zugeordnet, $v_2$ dem Mitglied $e_2$ etc. Die Strukturvektoren unterliegen folgenden Bedingungen:

a) $$\sum_{j=1}^{n} v_i = \frac{n\,(n-1)}{2}$$

b) $$\sum_{j=1}^{k} v_i = \frac{k\,(k-1)}{2} \text{ für } k = 1, 2, \cdots, n$$

Bedingung a) besagt lediglich, daß die Summe der $v_i$ gleich der Anzahl der einzelnen Relationen sein muß.

Bedingung b) besagt, daß die Summe der $v_i$ einer beliebigen Untergruppe mit k Mitgliedern mindestens so groß wie die Anzahl der Dominanzrelationen dieser Untergruppe sein muß. Für die Abb. 8a bis 11a erhält man somit folgende Strukturvektoren:[64]

Abb. 8a $V = (1, 0, 3, 2)$
Abb. 9a $V = (1, 1, 3, 1)$
Abb. 10a $V = (0, 2, 2, 2)$
Abb. 11a $V = (1, 1, 2, 2)$

63 Es ist evident, daß die Enumeration der möglichen Dominanzstrukturen für Gruppen mit größerer Mitgliederzahl sehr schwierig wird. So ergeben sich bei 8 Mitgliedern bereits 6880 unterschiedliche Strukturen, während die Anzahl der möglichen Permutationen noch weit höher liegt. Vgl. Davis, R. L.: The Number of Structures of Finite Relations, in: American Mathematical Sociology 1953, S. 486 ff.

64 Der Strukturvektor ergibt sich durch Addition der positiven Einsen jeder Reihe in der Matrix.

Für die Strukturanalyse von Gruppen mit mehr als vier Mitgliedern ist auch der Strukturvektor kein genaues Maß mehr, da er in diesen Fällen mehrere Strukturen implizieren kann. So kann z. B. der Vektor V = (1, 2, 2, 2, 3) folgende Strukturen einer Gruppe von fünf Mitgliedern charakterisieren:

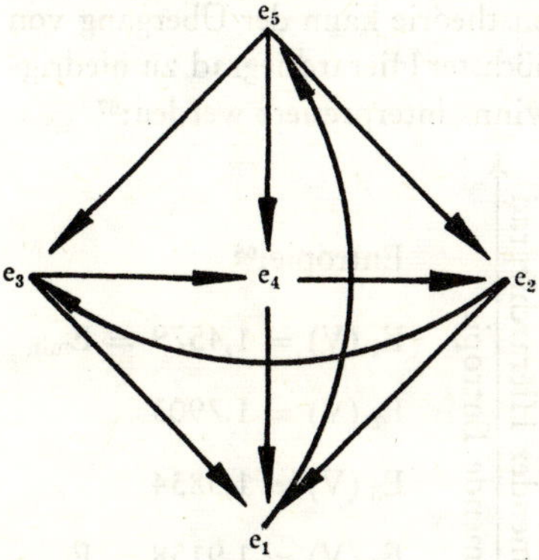


Abb. 12

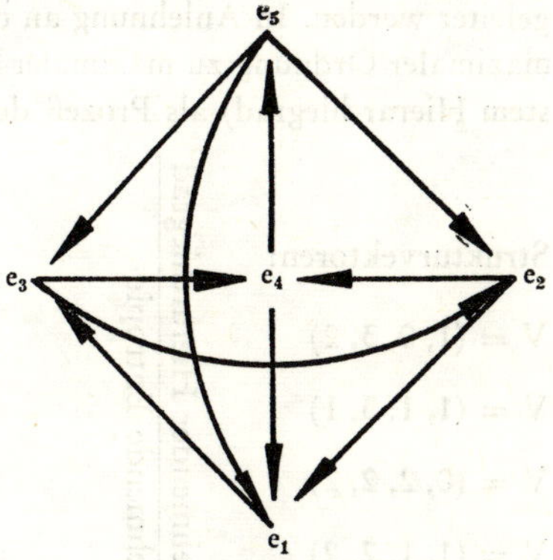


Abb. 13

Trotz dieser Ambivalenz ist es jedoch nützlich, aus den Strukturvektoren einen Grad der „Machthierarchie" einer Gruppe abzuleiten. So ist z. B. die Gruppe in Abb. 8 (V = (1, 0, 3, 2)) am meisten „hierarchisch", da $e_3$ einen Machteinfluß auf $e_1$, $e_2$ und $e_4$ ausübt; $e_4$ wiederum auf $e_1$ und $e_2$ sowie $e_1$ auf $e_2$. Absolute Hierarchie kann also definiert werden als eine starke Dominanzordnung der Mitglieder $e_1 > e_2 > e_3 \cdots > e_i \cdots > e_n$. Dabei dominiert jeder Entscheidungsträger die Mitglieder in der Reihenfolge unter ihm und wird dominiert von den Mitgliedern in der Reihenfolge über ihm. Absolute Gleichheit als das andere Extrem ergibt sich, falls $v_1 = v_2 = \cdots = v_i \cdots = v_n = \frac{n-1}{2}$. Diese absolute Gleichheit ergibt sich jedoch nur für n = ungerade. Auf der Basis dieser Interpretation kann ein sogenannter Hierarchie- oder Machtindex abgeleitet werden. Der erste Ansatz dazu stammt von Landau:[65]

$$H_L = \frac{12}{n^3 - n} \sum_{i=1}^{n} \left( v_i - \frac{n-1}{2} \right)^2 \qquad o \leq H \leq 1$$

Der Index ergibt 1 für absolute Hierarchie und 0 für absolute Gleichheit. Für die Abb. 8a bis 11a erhält man:

Abb. 8a: $V = (1, 0, 3, 2) \quad H_{L1} = 1 \qquad = \frac{12}{60} \left( \frac{1}{4} + \frac{9}{4} + \frac{9}{4} + \frac{9}{4} \right)$

Abb. 9a: $V = (1, 1, 3, 1) \quad H_{L2} = \frac{3}{5}$

Abb. 10a: $V = (0, 2, 2, 2) \quad H_{L3} = \frac{3}{5}$

Abb. 11a: $V = (1, 1, 2, 2) \quad H_{L4} = \frac{1}{5}$ (nicht 0, da n = gerade)

65 Vgl. Landau, H. G.: On Dominance Relations and the Structure of Animal Societies: I. Effect of Inherent Characteristics, in: Bulletin of Mathematical Biophysics 1951, S. 4.

Der zweite Ansatz ist von Cube und Gunzenhäuser:[66]

$$H_C = \frac{E_{max} - E}{E_{max} - E_{min}} \qquad o \leq H \leq 1$$

Der Wert soll wiederum anhand der Strukturvektoren der Abb. 8a bis 11a abgeleitet werden. In Anlehnung an die Informationstheorie kann der Übergang von maximaler Ordnung zu maximaler Unordnung (höchster Hierarchiegrad zu niedrigstem Hierarchiegrad) als Prozeß des Entropiegewinns interpretiert werden:[67]

| Strukturvektoren: | ↓ Abnehmender Hierarchiegrad / Zunehmende Entropie | ↑ Zunehmender Hierarchiegrad / Abnehmende Entropie | Entropie:[68] |
|---|---|---|---|
| V = (1, 0, 3, 2) | | | $E_1$ (V) = 1,4579 = $E_{min}$ |
| V = (1, 1, 3, 1) | | | $E_2$ (V) = 1,7903 |
| V = (0, 2, 2, 2) | | | $E_3$ (V) = 1,5834 |
| V = (1, 1, 2, 2) | | | $E_4$ (V) = 1,9158 = $E_{max}$ |

Damit ergibt sich der Machthierarchiegrad der einzelnen Gruppen wie folgt:

Abb. 8a V = (1, 0, 3, 2) $H_{C1} = \frac{E_{max} - E}{E_{max} - E_{min}} = 1$

Abb. 9a V = (1, 1, 3, 1) $H_{C2} = 0{,}27$

---

66 Vgl. Cube, F. von, Gunzenhäuser, R.: Über die Entropie von Gruppen, Quickborn 1967, S. 53.

67 Ebenda, S. 13.

68 Die Entropie $E = \sum_{i=1}^{n} h_i \cdot ld \frac{1}{h_i}$. Die Größen $h_i$ sind die relativen Häufigkeiten. Die Gesamtzahl der Dominanzrelationen ergibt sich als Summe $S = \sum_{i=1}^{n} v_i = v_1 + v_2 + \ldots + v_n$. Normiert man die Zahlen $v_i$ durch diese Summe S, so ergeben sich die relativen Häufigkeiten dieser Relationen zu $h_i = \frac{v_i}{S}$ für jedes i = 1, 2, . . . , n mit der Kontrolle $\sum_{i=1}^{n} h_i = 1$. So ergibt sich z. B. die Entropie $E_1$ (V):

| $v_i$ | $\frac{v_i}{S}$ | $h_i \cdot ld \frac{1}{h_i}$ |
|---|---|---|
| 1 | $\frac{1}{6}$ = 0,167 | 0,4301 |
| 0 | $\frac{0}{6}$ = 0 | 0 |
| 3 | $\frac{3}{6}$ = 0,5 | 0,5 |
| 2 | $\frac{2}{6}$ = 0,333 | 0,5278 |
| | $\sum_{i=1}^{4} h_i$ = 1 | $E_1 (V) = \sum_{i=1}^{4} h_i \cdot ld \frac{1}{h_i}$ = 1,4579 |

Abb. 10a $V = (0, 2, 2, 2)$ $H_{C3} = 0{,}72$

Abb. 11a $V = (1, 1, 2, 2)$ $H_{C4} = 0$

Man ersieht, daß bei den Hierarchieindices bei $H_{L2}$, $H_{C2}$ und $H_{L3}$, $H_{C3}$ keine eindeutige Zuordnung besteht. Während bei dem Index von Landau $H_{L2}$ und $H_{L3}$ gleich sind, weist der Index von Cube und Gunzenhäuser für die Struktur $V = (0, 2, 2, 2)$ eine größere Hierarchie aus als für $V = (1, 1, 3, 1)$. Die mittleren Werte sind deshalb unter Vorbehalt zu interpretieren.

Bei $H_C$ ergibt sich der Wert 1 genau dann, wenn die Gruppenentropie E ihren minimalen Wert hat. $H_C$ ist immer dann gleich 0, wenn die zugehörige Dominanzstruktur maximal differenziert ist. Man sieht, daß die Entropie E und der Hierarchieindex $H_C$ gegenläufiges Verhalten zeigen: mit abnehmender Entropie nimmt $H_C$ zu. Da jedoch in diesem Fall der Hierarchieindex $H_C$ so normiert ist, daß seine Werte stets im Intervall 0 bis 1 liegen, ist er zum Vergleich von Strukturen aus verschieden großen Dominanzkomplexen geeignet.

Welchen Nutzen haben diese Indices nun für die Machtbeziehungen in betrieblichen Führungskollegien? Man kann einzelne Werte als Standards interpretieren. So ergibt sich bei einem hohen Wert von $H_L$ oder $H_C$ (nahe 1), daß gewisse Machtbeziehungen in der Gruppe existieren und einen besonderen Einfluß auf die Willensbildung haben können, falls einige Entscheidungsträger ihre Machtmittel in dieser Hinsicht einsetzen. Ein Index nahe 0 zeigt an, daß informelle oder formelle Machtbeziehungen zwischen den einzelnen Mitgliedern keinen besonderen Einfluß ausüben.

Landau hat außerdem noch nachgewiesen, daß der Entscheidungsträger, der die meisten anderen Mitglieder dominiert, jedes andere Mitglied der Gruppe entweder direkt oder über eine dritte Person dominiert[69]. Dieses Theorem gilt nicht nur in absoluter Hierarchie, wo der Entscheidungsträger alle anderen Mitglieder direkt dominiert, sondern für alle Strukturkomplexe. Es bedeutet, daß unabhängig von der Dominanzstruktur der Mächtigste *alle* anderen Mitglieder direkt oder indirekt zu einem bestimmten Verhalten bei der Willensbildung zwingen kann.

Die einzelnen Machtbeziehungen spielen auch bei der Koalitionsbildung eine wesentliche Rolle, worauf in Kapitel 2.22 noch gesondert eingegangen wird[70].

## *2.13 Emotional-motivationale Beeinflussung*

Eine mögliche Umwertung der Präferenzordnungen bei einzelnen Entscheidungsträgern hängt auch weitgehend davon ab, inwieweit allgemein menschliche Beziehungen in Form von Sympathie und Antipathie vorhanden sind. Beziehungsverhältnisse positiver und negativer Attraktivität haben einen bedeutenden Einfluß auf die Konformität und Diskonformität der Beeinflußten. Emotionale positive und

69 Vgl. Landau, H. G.: On Dominance Relations and the Structure of Animal Societies: III. The Condition for the Score Structure, in: Bulletin of Mathematical Biophysics 1953, S. 143 ff. Vgl. auch Johnston, J. B., Price, G. B., Van Fleck, F. S.: Linear Equations and Matrices, Reading 1966, S. 179 ff.

70 Vgl. Kapitel 2.22, S. 43 ff.

negative Attraktivität sollen im folgenden anhand der soziometrischen Methode und der sogenannten Gleichgewichtstheorie (Balancing Theory) analysiert werden. Die Soziometrie ist eine Methode, die es ermöglicht, informelle Zusammenhänge sowie Art und Intensität solcher Beziehungen sichtbar zu machen. Dabei werden die zwischenmenschlichen Beziehungen unter dem Aspekt der positiven Einstellung (Anziehung, Bevorzugung), der negativen Einstellung (Abneigung, Ablehnung) oder der Gleichgültigkeit (Indifferenz) in einer Wahlsituation dargestellt und ausgewertet[71].

Die soziometrischen Beziehungen können formal anhand der Graphentheorie und der Matrixalgebra dargestellt werden. Allgemein sind zu unterscheiden:[72]

1. Gegenseitige Beziehungen (positiv oder negativ).
2. Einseitige Beziehungen (positiv oder negativ).
3. Gegenseitige und einseitige Beziehungen (positiv oder negativ).

Zu 1. Aufgrund von Beobachtungen haben sich in einem betrieblichen Führungsgremium folgende positive gegenseitige Beziehungen ergeben:

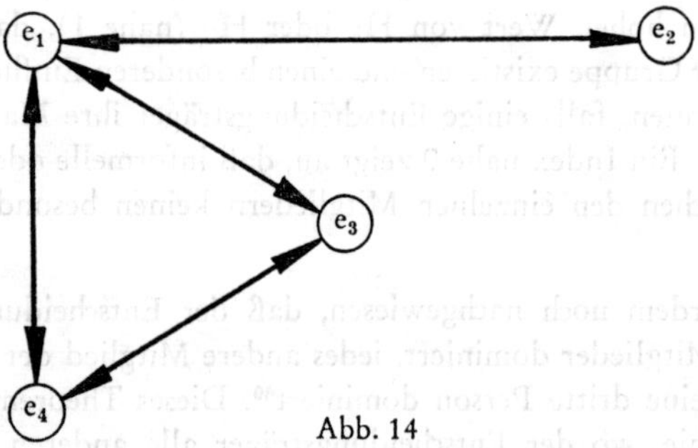

Abb. 14

Diese Beziehungen können in eine quadratische Matrix übernommen werden mit der Charakteristik:

$$a_{ij} = \begin{cases} 1, & \text{falls eine Beziehung zwischen Person i und Person j besteht} \\ 0, & \text{falls keine Beziehung besteht oder falls } i = j \end{cases}$$

Die Matrix für Abb. 14 ist demnach:

$$M = \begin{array}{c|cccc} & e_1 & e_2 & e_3 & e_4 \\ \hline e_1 & 0 & 1 & 1 & 1 \\ e_2 & 1 & 0 & 0 & 0 \\ e_3 & 1 & 0 & 0 & 1 \\ e_4 & 1 & 0 & 1 & 0 \end{array}$$

Abb. 15

Auf diese Strukturbewertung kann jetzt noch eine Intensitätsbewertung folgen[73].

---

71 Die Methode ist von dem Soziologen Moreno entwickelt worden. Vgl. Moreno, J. L.: Die Grundlagen der Soziometrie, Köln und Opladen 1967.

72 Vgl. Mag, W.: a.a.O., S. 104.

73 Vgl. Blohm, H.: Organisationstheorie und -praxis der Unternehmensführung, in: Rationalisierung 1968, S. 120.

Diese Bewertung ordnet jeder Strukturzahl $a_{ij}$ innerhalb der Matrix einen Intensitätsfaktor zu. Strukturzahl multipliziert mit dem Intensitätsfaktor ergibt dann die Gesamtwertzahl der Beziehung. So könnten z. B. folgende drei Intensitätsfaktoren benutzt werden:

1 Gutes gegenseitiges Einvernehmen
2 Sympathie
3 Freundschaft

Die Matrix könnte dann folgendermaßen aussehen:

| | | $e_1$ | $e_2$ | $e_3$ | $e_4$ |
|---|---|---|---|---|---|
| | $e_1$ | 0 | 1 · 2 | 1 · 1 | 1 · 3 |
| M = | $e_2$ | 1 · 2 | 0 | 0 | 0 |
| | $e_3$ | 1 · 1 | 0 | 0 | 1 · 2 |
| | $e_4$ | 1 · 3 | 0 | 1 · 2 | 0 |

Abb. 16

In dieser quadratischen Matrix (i = j) stehen n Matrixzellen zur Verfügung; die Zahl der möglichen Beziehungen beträgt $n^2 - n$, da Selbstbeziehungen (Hauptdiagonale der Matrix, Schleifen in Graphen) ausgeschlossen sein sollen. Außerdem ist die Matrix symmetrisch, d. h. falls $a_{ij} = 1$, ist auch $a_{ji} = 1$ (Spiegelung an der Hauptdiagonalen).

Zu 2. Treten an die Stelle der gegenseitigen Beziehungen einseitige positive oder negative Konnektionen, so ist die Darstellungsmethode die gleiche wie unter 1., nur daß hier einige rechentechnische Besonderheiten zu berücksichtigen sind:

a) Die Matrix ist nicht mehr symmetrisch. Deshalb muß bei der Matrizenmultiplikation auf die Reihenfolge der Faktoren geachtet werden, denn es gilt: $M \cdot M^2 \neq M^2 \cdot M$.

b) Da gilt: $a_{ij} \neq a_{ji}$, hat jede Matrixzelle allein eine besondere Bedeutung, je nachdem, ob eine Beziehung besteht oder nicht.

Zu 3. Bei einer realistischen Betrachtung sind sowohl Indifferenz, positive ein- und zweiseitige sowie negative ein- und zweiseitige emotionale Beziehungen zu berücksichtigen. Die Soziomatrix muß deshalb fünf verschiedene Zeichen aufnehmen:[74]

a) Eine „+1“ für eine einseitige positive Beziehung.
b) Eine „—1“ für eine einseitige negative Beziehung.
c) Zwei „+1“ für eine zweiseitige positive Beziehung.
d) Zwei „—1“ für eine zweiseitige negative Beziehung.
e) Eine „0“ für Indifferenz.

Für die rechentechnische Behandlung ist hier noch wesentlich, daß die Matrizenmultiplikation $M, M^2, \cdots M^k$ in ein k-stufiges Additionsproblem transformiert werden muß, da die einseitigen negativen Beziehungen bei der Quadratur sonst positiv werden, so daß das erwünschte Ergebnis sachlich falsch wird.

74 Vgl. Mag, W.: a.a.O., S. 106.

Auf die Matrizen können jetzt verschiedene rechentechnische Verfahren angewandt werden, die zur Erhellung wichtiger emotionaler Beziehungen zwischen Mitgliedern der Führungskollegien führen können[75].

Zur Veranschaulichung sollen die Verfahren an einfachen Beispielen illustriert werden:

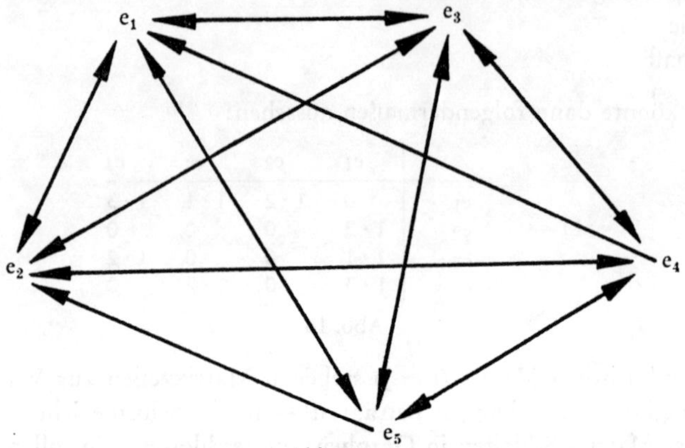


Abb. 17

Unter Annahme positiver Beziehungen ergibt sich aus Abb. 17 folgende Soziomatrix:

M =

| | e1 | e2 | e3 | e4 | e5 |
|---|---|---|---|---|---|
| e1 | 0 | 1 | 1 | 0 | 1 |
| e2 | 1 | 0 | 1 | 1 | 0 |
| e3 | 1 | 1 | 0 | 1 | 1 |
| e4 | 1 | 1 | 1 | 0 | 1 |
| e5 | 1 | 1 | 1 | 1 | 0 |

Abb. 18

a) Der Eingangsgrad $\gamma_j$ einer Person $e_j$ gibt die Anzahl der einlaufenden Verbindungswege an, d. h. die Anzahl von Personen, von denen dem Mitglied $e_j$ Sympathie entgegengebracht wird:

$$\gamma_j = \sum_i a_{ij} \text{ (= Spaltensumme der j-ten Spalte von M)}$$

| | e1 | e2 | e3 | e4 | e5 |
|---|---|---|---|---|---|
| γ | 4 | 4 | 4 | 3 | 3 |

b) Der Ausgangsgrad $\delta_i$ einer Person $e_i$ gibt die Anzahl der ausgehenden Verbindungslinien an, d. h. die Anzahl von Personen, denen Mitglied $e_i$ Sympathie entgegenbringt:

---

75 Vgl. dazu Bössmann, E.: Die ökonomische Analyse von Kommunikationsbeziehungen in Organisationen, Berlin - Heidelberg - New York 1967, S. 69 ff.; Heinrich, L. J.: Zur rechnerischen Lösung von Organisationsproblemen mit Hilfe der Graphentheorie, in: Layer, M., Strebel, H.: Rechnungswesen und Betriebswirtschaftspolitik, Berlin 1969, S. 169 ff.; Johnston, J. B., Price, J. B., Van Fleck, F. S.: a.a.O., S. 174 ff.; Henn, R., Künzi, H. P.: Unternehmensforschung II, a.a.O., S. 148 ff.

$\delta_i = \sum_j a_{ij}$ (= Zeilensumme der i-ten Zeile von M)

| | $e_1$ | $e_2$ | $e_3$ | $e_4$ | $e_5$ |
|---|---|---|---|---|---|
| $\delta$ | 3 | 3 | 4 | 4 | 4 |

c) Falls keine direkten Beziehungen vorhanden sind, können indirekte Beziehungen über andere Personen bestehen. Diese können sichtbar gemacht werden, indem man die Entfernungsmatrix errechnet:[76]

EM =

| | $e_1$ | $e_2$ | $e_3$ | $e_4$ | $e_5$ |
|---|---|---|---|---|---|
| $e_1$ | 0 | 1 | 1 | ② | 1 |
| $e_2$ | 1 | 0 | 1 | 1 | ② |
| $e_3$ | 1 | 1 | 0 | 1 | 1 |
| $e_4$ | 1 | 1 | 1 | 0 | 1 |
| $e_5$ | 1 | 1 | 1 | 1 | 0 |

Abb. 19

Aus Abb. 17 ist ersichtlich, daß $e_1$ zu $e_4$ und $e_2$ zu $e_5$ keine direkten Beziehungen haben, indirekt jedoch über andere Zwischenpersonen. Auf diese Problematik wird noch gesondert bei der anschließenden Gleichgewichtstheorie eingegangen.

d) Das Vorhandensein von Cliquen. Unter einer Clique sei hier eine Untergruppe innerhalb des betrieblichen Führungskollegiums verstanden, die durch emotionale Beziehungen untereinander verbunden ist und einen bestimmten Zweck verfolgt. Typische Cliquenzwecke sind die Erlangung bzw. Sicherung von Vorteilen aller Art für die Cliquenmitglieder sowie die Abwendung von Nachteilen und Gefahren[77]. Die Vorteile, die die Cliquen anstreben, sind entweder unmittelbar persönliche oder gruppenmäßige. Es ist somit ein Wesensmerkmal der Clique, daß sie sich stets als Splittergruppe innerhalb einer bereits existenten Gruppe bildet, und zwar zumeist auf emotional-rationaler Grundlage. In dieser Hinsicht können Cliquen einen besonderen Einfluß auf die Willensbildung in betrieblichen Führungskollegien ausüben.

Um die Existenz von Cliquen durch Matrixmethoden zu bestimmen, muß zuerst eine adäquate mathematische Definition gefunden werden[78]. Demnach ist eine Clique eine Ansammlung von drei oder mehr Personen, die gegenseitige emotionale positive Beziehungen in einer Gruppe haben. Falls also z. B. $e_1$, $e_2$ und $e_3$ zu einer Clique gehören, muß $a_{12} = a_{21} = a_{13} = a_{31} = a_{23} = a_{32} = 1$ sein. Die Cliquenbeziehung kann dann aus einer von der Ausgangsmatrix M errechneten Matrix $S^3$ abgeleitet werden. Sie ergibt sich dabei aus folgenden Theoremen:[79]

Theorem 1: Die i-te Person, $e_i$, ist ein Cliquenmitglied dann und nur dann, wenn $s_{ii}^{(3)}$ positiv ist.

---

76 Vgl. Hasse, M.: Über die Behandlung graphentheoretischer Probleme unter der Verwendung der Matrizenrechnung, in: Wissenschaftliche Zeitschrift der TU Dresden 1961, S. 1313 ff.

77 Vgl. Kossitsch, M. M.: Zellen und Cliquen, in: Kölner Zeitschrift für Soziologie 1952/53, S. 232 f.

78 Vgl. Johnston, J. B., Price, G. B., Van Fleck, F. S.: a.a.O., S. 170 f. Dort ist auch das hier nicht erläuterte Rechenverfahren angegeben.

79 Ebenda, S. 171 f.

Theorem 2: Unter der Annahme, daß die i-te Person, $e_i$, Mitglied genau einer Clique ist, ist $e_i$ ein Mitglied einer m-Personen-Clique dann und nur dann, falls $s_{ii}^{(3)} = (m - 1) \cdot (m - 2)$.

So ist $e_i$ z. B. ein Mitglied einer 3-Personenclique, falls $s_{ii}^{(3)} = (3 - 1) (3 - 2 = 2$;
ein Mitglied einer 4-Personenclique, falls $s_{ii}^{(3)} = 6$;
ein Mitglied einer 5-Personenclique, falls $s_{ii}^{(3)} = 12$ etc.

Die Schwierigkeit dieser Definition liegt darin, daß man ohne zusätzliche Informationen nicht sagen kann, ob $e_i$ z. B. zu einer 4-Personenclique oder zu drei 3-Personencliquen gehört, falls $s_{ii}^{(3)} = 6$. Aus dem Beispiel von Abb. 18 ergibt sich $M = S^3$ folgendermaßen:

$S^3 =$

| | $e_1$ | $e_2$ | $e_3$ | $e_4$ | $e_5$ |
|---|---|---|---|---|---|
| $e_1$ | 4 | 8 | 8 | 4 | 8 |
| $e_2$ | 8 | 4 | 8 | 8 | 4 |
| $e_3$ | 8 | 8 | 8 | 8 | 8 |
| $e_4$ | 4 | 8 | 8 | 4 | 8 |
| $e_5$ | 8 | 4 | 8 | 8 | 4 |

**Abb. 20**

Sofort bestimmt werden kann, daß $e_1$, $e_2$, $e_4$ und $e_5$ zu genau zwei 3-Personencliquen gehören. $e_3$ könnte zu einer 4-Personenclique oder vier 3-Personencliquen gehören. Da kein anderes Mitglied zu einer 4-Personenclique gehört, trifft in diesem Fall das letztere zu. Der Nachteil dieses Verfahrens ist, daß nicht gesagt werden kann, zu welcher(n) Clique(n) $e_i$ gehört; dazu müssen die Beziehungen am Graphen untersucht werden.

Einen weiteren interessanten Aspekt hinsichtlich der Beschreibung emotionaler Beziehungsverhältnisse bildet Heider's sogenannte „Balancing Theory"[80]. Die Theorie sei an einem einfachen einführenden Beispiel erläutert:

Angenommen, drei Mitglieder eines Führungskollegiums, $e_1$, $e_2$, $e_3$, haben folgende emotionale Beziehungen zueinander:

$e_1$ hegt Sympathie zu $e_2$ (symbolisch: $e_1$ L $e_2$)
$e_2$ hat eine positive Einstellung zu $e_3$ ($e_2$ L $e_3$)
$e_1$ kann $e_3$ nicht leiden (symbolisch: $e_1$ — L $e_3$)

In diesem Fall ist die Situation nicht ausbalanciert, und es entstehen Kräfte, die zu einem Ausgleich drängen. $e_1$ kann das Dissonanzerlebnis zu $e_3$ mindern, indem es

a) seine emotionale Einstellung zu $e_2$ oder $e_3$ ändert oder
b) $e_2$ zu einer Änderung seiner Wertung veranlaßt[81].

Eine vertiefte strukturelle Einsicht ist auch hier mit Hilfe der Graphentheorie möglich. Dabei werden die Beziehungen durch von Digraphen[82] abgeleitete S-Graphen

80 Vgl. Heider, F.: Attitudes and Cognitive Organization, in: The Journal of Psychology 1946, S. 107 ff.; Ders.: The Psychology of Interpersonal Relations, New York 1958.

81 Experimentelle Versuche hierzu wurden durchgeführt von Horowitz, M. W., Lyons, J., Perlmutter, H. V.: Inductions of Forces in Discussion Groups, in: Human Relations **1951**, S. 57 ff.

82 Vgl. Henn, R., Künzi, H. P.: Unternehmensforschung II, a.a.O., S. 140 f.

dargestellt[83]. Einen S-Graph erhält man aus einem Digraph, wenn man einige Kanten als positiv und einige als negativ bewertet. Falls ein S-Graph als geometrische Darstellung binärer Relationen verstanden wird, dient er dazu, Situationen oder Strukturen darzustellen, in denen eine Relation und eine entgegengesetzte Relation existiert; die positive Relation wird durch eine ununterbrochene, die negative durch eine unterbrochene Kante dargestellt:

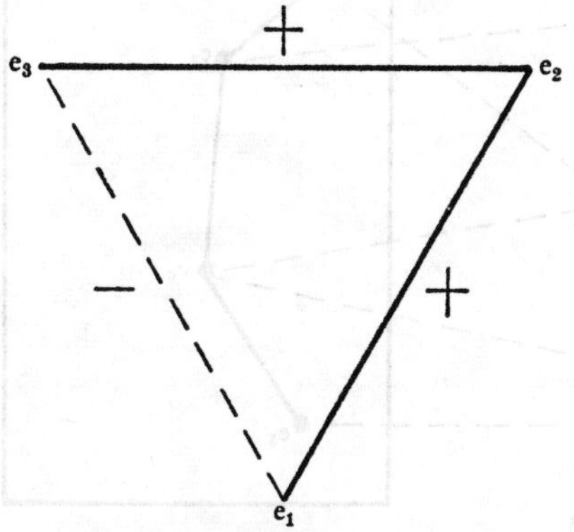

Abb. 21

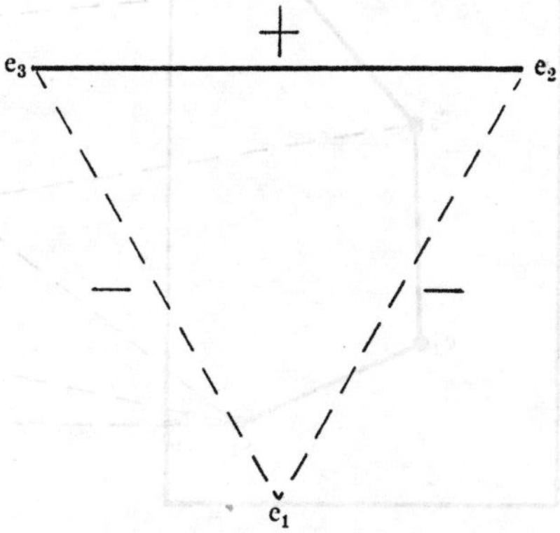

Abb. 22

Ein Zyklus eines S-Graphen besteht aus einem Kantenweg[84] bestimmter Länge, der zum Ausgangspunkt zurückkehrt [z. B. in Abb. 21 $(e_1e_2)$, $(e_2e_3)$, $(e_3e_1)$] und wird als im Gleichgewicht befindlich definiert, wenn sein Signum positiv ist. Das Signum eines Zyklus ist das Produkt der Vorzeichen der einzelnen Kanten [in Abb. 21: $(+) \cdot (+) \cdot (-) = (-)$]. Daher ist der S-Graph in Abb. 21 nicht ausbalanciert, der in Abb. 22 jedoch im Gleichgewicht, da $(+) \cdot (-) \cdot (-) = (+)$.

Im folgenden sollen zwei Fragestellungen, die für die in diesem Kapitel angeführte Problematik relevant erscheinen, betrachtet werden:

1. Das Gleichgewicht oder Ungleichgewicht eines S-Graphen.

2. Der Grad des Gleichgewichts oder Ungleichgewichts eines S-Graphen.

Zu 1. Aus der Definition des Zyklus folgt, daß der Graph mit drei Kanten dann ausbalanciert ist, wenn entweder alle drei Kanten positiv sind [$(+) \cdot (+) \cdot (+) = (+)$] oder eine Kante positiv ist und zwei Kanten negativ sind [$(+) \cdot (-) \cdot (-) = (+)$]. In den anderen zwei Fällen ist dieser Graph nicht ausbalanciert. Falls ein Graph mit mehreren Ecken und Kanten gegeben ist, kann die Aussage, ob dieser Graph ausbalanciert ist oder nicht, nach zwei Theoremen vorgenommen werden:[85] Theorem 1: Ein S-Graph ist dann ausbalanciert, wenn alle möglichen Zyklen positiv sind.

---

83 Vgl. Cartwright, D., Harary, F.: Structural Balance: A Generalization of Heider's Theory, in: The Psychological Review 1956, S. 282.

84 Vgl. die Definition des Kantenweges bei Henn, R., Künzi, H. P.: Unternehmensforschung II, a.a.O., S. 145.

85 Vgl. Cartwright, D., Harary, F.: a.a.O., S. 284 und 286; Flament, C.: Application of Graph Theory to Group Structure, Englewood Cliffs 1963, S. 93.

Theorem 2: Ein S-Graph ist im Gleichgewicht dann und nur dann, wenn er so in zwei Subgraphen zerlegt werden kann, daß innerhalb der Subgraphen nur positive Kanten existieren, und die Kanten zwischen den beiden Subgraphen alle negativ sind[86].

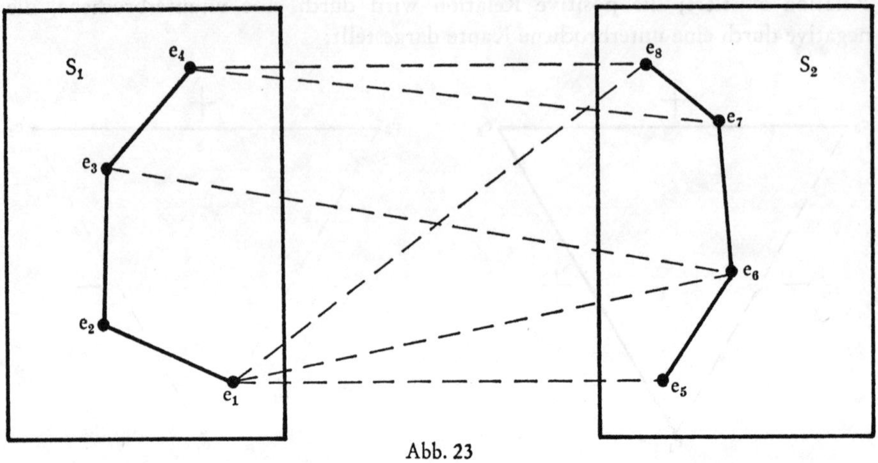


Abb. 23

So sieht man sofort, daß der S-Graph in Abb. 23 ausbalanciert ist, da alle Kanten innerhalb der Subgraphen $S_1$ und $S_2$ positiv und alle Verbindungslinien zwischen $S_1$ und $S_2$ negativ sind. In diesem Fall bilden die beiden Subgraphen Cliquen.

Zu 2. Der Gleichgewichtsgrad eines S-Graphen wird folgendermaßen definiert:[87]

$$b(G) = \sum_m f(m) \frac{c_+^{(m)}(G)}{c^{(m)}(G)} \quad \text{mit } 0 \leq b(G) \leq 1$$

Der Ungleichgewichtsgrad $ub(G) = 1 - b(G)$

$c_+^{(m)}(G)$: Anzahl der positiven Zyklen der Länge m von G

$c^{(m)}(G)$: Anzahl der Zyklen der Länge m von G

Damit ist $b(G) = 1$ dann und nur dann, falls der S-Graph im Gleichgewicht ist.

Beispiel:

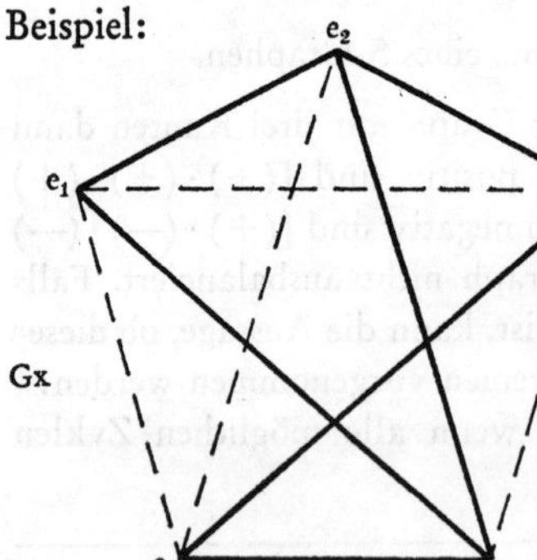


Abb. 24

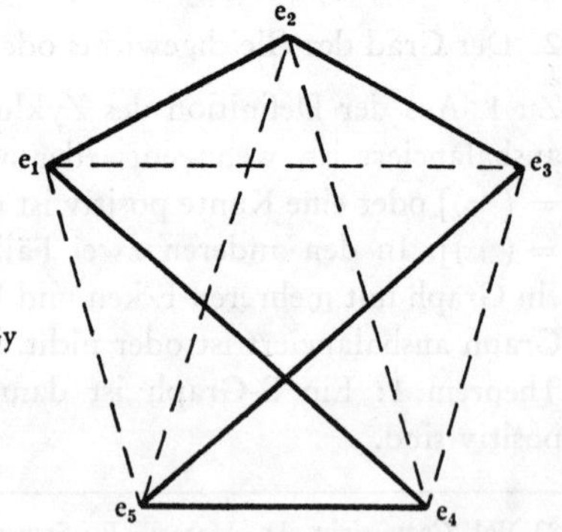


Abb. 25

86 Vgl. den Beweis bei Flament, C.: a.a.O., S. 93.

87 Vgl. Flament, C.: a.a.O., S. 99; Abelson, R. P., Rosenberg, M. J.: Symbolic Psychologic: a Model of Attitudinal Cognition, in: Behavioral Science 1958, S. 1 ff.

Falls man Zyklen oder Kantenwege der Länge m = 3 betrachtet, ergibt sich für

$$f(m) = \begin{cases} 1, \text{falls } m = 3 \\ 0, \text{falls } m > 3 \end{cases}$$

In Abb. 24 findet man sechs negative Kantenwege der Länge m = 3 aus zehn möglichen: [($e_1e_2e_3e_1$), ($e_1e_4e_5e_1$), ($e_2e_3e_4e_2$), ($e_2e_3e_5e_2$), ($e_2e_4e_5e_2$), ($e_3e_4e_5e_3$)], während der S-Graph in Abb. 25 nur vier negative Kantenwege dieser Länge aufweist: [($e_1e_2e_3e_1$), ($e_1e_2e_4e_1$), ($e_2e_3e_5e_2$), ($e_2e_4e_5e_2$)].

Es ist demnach: $b(G_x) = \frac{4}{10} = \frac{2}{5}$ $b(G_y) = \frac{6}{10} = \frac{5}{3}$

$ub(G_x) = \frac{3}{5}$ $ub(G_y) = \frac{2}{5}$

und $b(G_y) > b(G_x)$, $ub(G_x) > ub(G_y)$.

Die theoretische Analyse, besonders in der Psychologie, geht weiterhin von der Annahme aus, daß nicht ausbalancierte Gruppen ihre Struktur verändern, um zu einem Gleichgewicht zu gelangen. Für diese Ausführungen wird auf die diesbezügliche Literatur verwiesen[88].

Für die Zwecke dieses Kapitels ist zu betonen, daß die informelle Gleichgewichtsstruktur eines Führungskollegiums einen bedeutenden Einfluß auf die Willensbildung ausüben kann. Aus der Annahme, daß zwei Personen Sympathiebeziehungen zueinander haben, kann gefolgert werden, daß sie aufeinander einen positiven Einfluß ausüben können (z. B. beabsichtigte Umwertung bezüglich der Präferenzordnung). Bei Antipathie wird eine Beziehung wahrscheinlich die entgegengesetzte Wirkung haben. Deshalb kann man einen S-Graph, der die Gleichgewichtsrelationen einer Gruppe darstellt, auch als potentielle Einflußnahmestruktur der Gruppe interpretieren.

So kann z. B. (vgl. Abb. 23) gezeigt werden, daß in einer ausbalancierten Gruppe irgendeine Beeinflussung von einer Person durch eine andere innerhalb derselben Clique positiv ausfällt, auch wenn diese Beeinflussung über Kanäle außerhalb der Clique läuft[89]. Ein Beeinflussungsversuch von einer Person der einen Clique durch eine Person in der anderen Clique wird dagegen immer negativ verlaufen. Deshalb kann generell angenommen werden, daß irgendeine Einflußnahme innerhalb von Cliquen in Richtung auf Homogenität tendieren wird, während zwischen verschiedenen Cliquen entgegengesetzte Meinungen entstehen.

Der Gleichgewichts- und der Ungleichgewichtsgrad können als Maßzahl einen ungefähren Maßstab dafür liefern, inwieweit ein emotionales Gleichgewicht oder Ungleichgewicht innerhalb dieser Gruppe besteht.

*Herausgeberanmerkung:* Bei der Durcharbeitung dieses Kapitels und des folgenden sei vor allem hingewiesen auf den Beitrag von Rolf Oerter, München, „Kognitive Wertstrukturen und ihre Veränderung bei Beeinflussung" in dem „Bericht über den 26. Kongreß der Deutschen Gesellschaft für Psychologie Tübingen 1968", herausgegeben von Martin Irle o. Professor der Sozialpsychologie an der Universität Mannheim, Seiten 517 bis 523.

---

88 Vgl. u. a. Flament, C.: a.a.O., S. 107 ff., Kapitel „Balancing Processes".
89 Vgl. Cartwright, D., Harary, F.: a.a.O., S. 287.

## 2.2 Die charakteristischen Beeinflussungskonsequenzen im Hinblick auf die Willensbildung

### *2.21 Die Theorie der Meinungskonvergenz*

Rational-, macht- und emotional-motivationale Beeinflussung sowie ein Phänomen, das in der sozialpsychologischen Forschung als „Normatives System“ bekannt ist, bewirken hinsichtlich der Willensbildung zwei mögliche Konsequenzen: das Auftreten meinungskonvergenten Verhaltens sowie der Zerfall der Gesamtgruppe in mehrere Untergruppen. Unter dem „Normativen System“ versteht man „die Gesamtheit allgemein geteilter, bewußter und unbewußter Vorstellungen darüber, wie einzelne Individuen als Gruppenmitglieder fühlen und wie sie unter bestimmten Umständen handeln sollten“[90]. Dieser sogenannte Verhaltensstandard bewirkt eine Urteilskonvergenz, deren Existenz in psychologischen Kleingruppenexperimenten nachgewiesen wurde[91]. Diese Hypothesen haben auch in die betriebswirtschaftliche Entscheidungstheorie Eingang gefunden[92]. Sie besagen, daß in einer Gruppe aufgrund der Diskussion und anderer Einflußfaktoren die Streuung der Standpunkte abnimmt; im Extremfall der Einigung auf einen einzigen Standpunkt wird die Streuung gleich Null[93].

Bezogen auf die individuellen Präferenzordnungen bedeutet das die Tendenz zu einer Ähnlichkeit oder einer absoluten Kongruenz derselben. Hofstätter stellte bei Experimenten fest, daß ein Vergleich zweier Urteile nur dort eine Anpassung hervorruft, wo die Auffassungsunterschiede relativ gering sind, d. h. daß sich ähnliche Standpunkte eher vereinigen lassen als extreme[94]. Der Prozeß bewegt sich demnach in kleinen Schritten in Richtung auf eine stabile Mitte (Abb. 26), wobei die Kurve sich einer Normalverteilung nähert[95].

In der Psychologie wird, wie bereits angedeutet, die Nichtübereinstimmung eines Individuums mit der Gruppe mit einer Dissonanzspannung interpretiert, die sich dahingehend auswirkt, daß das Individuum in erhöhtem Maße bereit ist, seine abweichende Bewertung bei gruppenkonvergenten Prozessen zu wandeln. Die

---

90 Mills, T. M.: Soziologie der Gruppe, München 1969, S. 143; vgl. dazu auch Fiedler, F. E.: Führungsstil und Leistung koagierender Gruppen, in: Zeitschrift für experimentelle und angewandte Psychologie 1967, S. 200.

91 Vgl. Hofstätter, P. R.: Gruppendynamik, a.a.O., S. 54 ff. und 84 ff.

92 Vgl. u. a. Mag, W.: a.a.O., S. 113 ff.

93 Vgl. Teger, A. J., Pruitt, D. G.: Components of Group Risk Taking, in: Journal of Experimental Social Psychology 1967, S. 189 ff. Falls alle Gruppenmitglieder verschiedene Meinungen vertreten, ist die Streuung = $\infty$, bei einstimmiger Meinung = 0. Das Streuungsmaß $\sigma$ schwankt demnach bei einer Normalverteilung in den Grenzen $\infty \geq \sigma = \sqrt{\frac{\Sigma (x_i - \bar{x})^2}{n}} \geq 0$. Bei einer Normalverteilung fallen die für eine Lösung in Frage kommenden Mittelwerte D (dichtester Wert) und $\bar{x} = \frac{1}{n} \sum_{v=1}^{n} x_v$ (arithmetisches Mittel) zusammen. Bei einer schiefen Verteilung stimmen die Mittelwerte nicht mehr überein. Mag weist nach, daß $\bar{x}$ für die Konvergenz der Gruppenentscheidungen eine breitere Basis hat als D. Vgl. Mag, W.: a.a.O., S. 120.

94 Vgl. Hofstätter, P. R.: a.a.O., S. 84.

95 Vgl. Johnson, D. M.: a.a.O., S. 470; Mag, W.: a.a.O., S. 114.

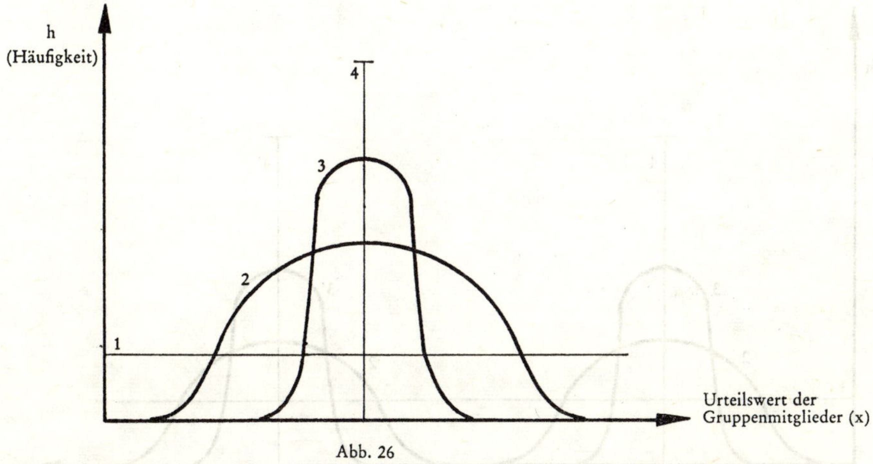


Abb. 26

Gruppe versucht dann, auf die Abweichler Einfluß zu nehmen, hauptsächlich durch verbale Kommunikation[96]. Es kann jedoch auch zusätzlich davon ausgegangen werden, daß einer solchen Konfliktsituation ein Bewußtsein gemeinsamer Entscheidungsverpflichtung der einzelnen Gruppenangehörigen gegenübersteht, die sich auf dem Wege einer gemeinsamen Anpassung bei der Willensbildung äußert[97].

## 2.22 *Die Bildung von Koalitionen*

Es ist jedoch bezeichnend, daß der oben angeführte Erfahrungssatz, der besagt, daß der Meinungsaustausch in Gruppen zu einer Konvergenz der Standpunkte führt, zwei Realisationsmöglichkeiten besitzt. Es kann entweder zu einer tatsächlichen Konzentration der Urteile kommen oder aber zu einer Polarisation[98]. Unter Polarisation versteht man den Zerfall der Gesamtgruppe in zwei oder mehrere Untergruppen (siehe Abb. 27):

„The process of reaching a decision in a group is a process of forming a subgroup ..... The subgroup is a coalition[99]." Eine Koalition ist ein zeitlich und sachlich begrenzter Zusammenschluß einiger Gruppenmitglieder mit dem Zweck, mit einer unter ihnen ausgehandelten, meistbevorzugten Gemeinschaftsalternative geschlossen bei der Abstimmung aufzutreten[100]. Unter den Koalitionsmitgliedern werden die Gegensätze divergierender Präferenzordnungen für die Zeit der Willensbildung weitgehend ausgeschaltet. Z. B. können der Produktions- und Absatzleiter bei einer Investitionsentscheidung trotz latenter auseinandergehender Präferenzen gemeinsam eine Alternative unterstützen, um den Finanzleiter zu überstimmen. Da eine Koalition einen Zusammenschluß von Gruppenmitgliedern

96 Vgl. Cartwright, D., Zander, A. (Hrsg.): Group Dynamics, Evanston - New York 1953, S. 197 ff.; Israel, J.: Self-Evaluation and Rejection in Groups, Stockholm 1956, S. 195 ff.
97 Vgl. March, J. G., Simon, H. A.: a.a.O., S. 121 f.
98 Vgl. Hofstätter, P. R.: a.a.O., S. 75.
99 Riker, W. H.: The Theory of Political Coalitions, New Haven — London 1962, S. 12.
100 Vgl. Coser, L. A.: Theorie sozialer Konflikte, Neuwied 1965, S. 166.

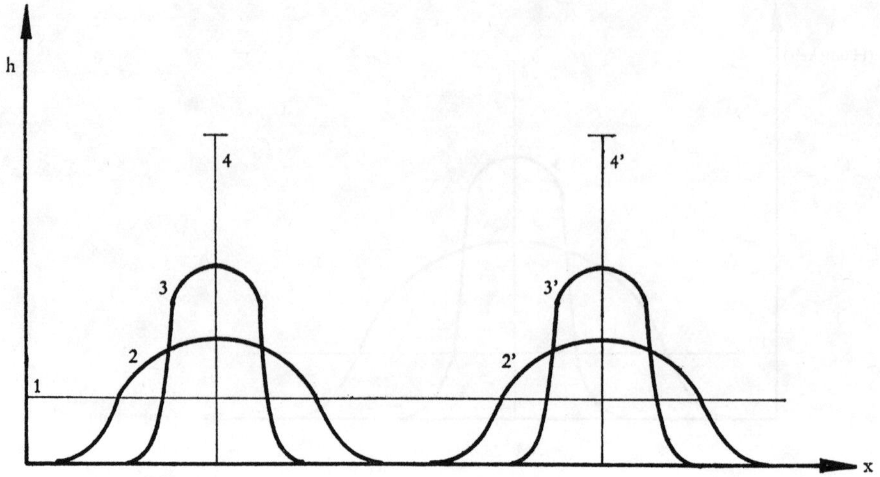


Abb. 27

darstellt, unter denen konfliktäre Interessen mit Bezug auf das anstehende Entscheidungsproblem zu beseitigen sind, muß zuerst eine Alternative zwischen ihnen ausgehandelt werden.

Der Prozeß der Koalitionsbildung wird deshalb in der Literatur gedanklich in zwei Aushandel-Teilprozesse zerlegt:[101] zum einen handeln die Koalitionsmitglieder eine meistbevorzugte Gemeinschaftsalternative aus, mit der die Koalition in der Abstimmung gegen ihre Gegner auftritt. Zum anderen verhandeln die Koalitionsmitglieder über die Verteilung eines eventuellen zukünftigen Koalitionsgewinns oder anderer Ausgleichszahlungen. Beide Prozesse sind in der Realität eng miteinander verknüpft, weil die meistbevorzugte Gemeinschaftsalternative von der Gewinnverteilung abhängig ist und umgekehrt[102].

Im folgenden sei kurz auf die Möglichkeiten und Gründe der Koalitionsbildung eingegangen[103]. Die mögliche Zahl der Koalitionen einer Gruppe von n Mitgliedern

---

101 Vgl. u. a. Riker, W. H.: a.a.O., S. 85 ff. und 115 ff.; Buchanan, J. M., Tullock, G.: The Calculus of Consent, Ann Arbor 1962, S. 68 ff.

102 Im Hinblick auf diese Probleme sei auf die unter Fußnote 101 angegebene Literatur verwiesen sowie auf eine andere Interpretation des Problems bei Cyert, R. M., March, J. G.: A Behavioral Theory of the Firm, Englewood Cliffs 1963, S. 27 ff.; March, J. G.: The Business Firm as a Political Coalition, in: The Journal of Politics 1962, S. 662 ff.

103 *Der Prozeß der Koalitionsbildung gehört zu den am wenigsten gelösten Problemen in den Politischen wie auch in den Wirtschaftswissenschaften.* Vgl. zur Kritik der bislang noch unbefriedigenden Lösungsansätze Luce, R. D., Raiffa, H.: Games and Decisions, New York 1957, Kapitel 7; Riker, W. H.: The Theory of Political Coalitions, a.a.O., passim. Der hier gewählte Ansatz geht auf die Spieltheorie zurück; vgl. dazu Harsanyi, J. C.: Measurement of Social Power in N-Person Reciprocal Power Situations, in: Behavioral Science 1962, S. 81 ff.; Luce, R. D., Rogow, A. A.: Die Machtverteilung im Kongreß für ein stabiles Zweiparteiensystem, in: Shubik, M. (Hrsg.): a.a.O., S. 171 ff.; Riker, W. H.: The Theory of Political Coalitions, a.a.O., S. 35 ff.; Shapley, L. S.: A Value for N-Person Games, in: Kuhn, H. W., Tucker, A. W. (Hrsg.): Contributions to the Theory of Games, Princeton 1953, S. 307 ff.

beträgt $2^n$; diese Anzahl schließt sowohl die Koalition mit keinem Mitglied als auch die Koalition mit allen Mitgliedern ein[104].

Die Menge der Mitglieder des Führungsgremiums sei $e_1, e_2, \cdots\cdots e_n$; $\Omega$ sei die Menge aller sowie S eine beliebige Koalition von Mitgliedern. Eine bestimmte Menge z. B. der Mitglieder $e_1$ und $e_3$ oder $e_2, e_4, e_6$ sei dargestellt durch die Symbole $(e_1, e_3)$, $(e_2, e_4, e_6)$.

Die charakteristische Funktion ist eine Funktion v (S), die jeder Untermenge einen bestimmten Wert zuordnet. Dieser Wert kann eine Nutzen- oder Machtgröße sein, die die einzelnen Mitglieder bei Zustandekommen der Koalition realisieren. Diese Nutzen- oder Machtgröße wird sodann im Sinne einer Belohnung unter den Koalitionsmitgliedern aufgeteilt. Eine Koalition lohnt sich dann, wenn zwei Eigenschaften der charakteristischen Funktion erfüllt sind:

1. $v(\emptyset) = 0$
2. $v(S \cap T) \geq v(S) + V(T)$ für $S \cap T = \emptyset$

Die erste Bedingung ist lediglich eine mathematische Formalität, die besagt, daß eine Koalition, die aus niemandem besteht, nichts bekommt. Die zweite Bedingung besagt folgendes: Wenn sich zwei Mengen von Gruppenmitgliedern, S und T, die kein Mitglied gemeinsam haben, dazu entschließen, gemeinsam zu handeln, erhalten sie mindestens ebensoviel oder mehr, als sie getrennt erhalten könnten.

Ein einfaches Beispiel möge das Problem verdeutlichen: In einem betrieblichen Führungskollegium soll über irgendein bestimmtes Projekt abgestimmt werden; es seien mindestens 50 % der Stimmen für eine Annahme notwendig. Von den drei Mitgliedern $e_1, e_2, e_3$ der Gruppe habe jeder eine Stimme, $e_2$ habe ein Vetorecht. Es wird der Boolsche Mengenring und die zu den einzelnen Mengen gehörende charakteristische Funktion gebildet:

Reihe 1 $v(\emptyset) = 0$
Reihe 2 $v(e_1) = 0$ $v(e_2) = 0$ $v(e_3) = 0$
Reihe 3 $v(e_1, e_2) = 0{,}5$ $v(e_2, e_3) = 0{,}5$ $v(e_1, e_3) = 0$
Reihe 4 $v(\Omega) = v(e_1, e_2, e_3) = 1{,}0$

Die Werte in Reihe 2 besagen, daß kein Mitglied allein in der Lage ist, 50 % der Stimmen zu erreichen. Die zwei ersten Werte in Reihe 3 bedeuten, daß bei gemeinsamer Abstimmung von $e_2$ mit $e_1$ und $e_3$ mindestens 50 % der Stimmen erreicht werden. Der Wert, der $(e_1, e_3)$ zugeordnet ist, besagt, daß $e_2$ ein Vetorecht hat und in der Lage ist, einen Abstimmungssieg von $e_1$ und $e_3$ zunichte zu machen. $e_1$ und $e_3$ können allein aus der Kooperation keinen Nutzen erzielen. Der Wert in Reihe 4 gibt an, daß bei Kooperation aller drei Mitglieder 100 % der Stimmen oder Einstimmigkeit erreicht werden könnte. Die zwei Eigenschaften, die für die Bildung einer Koalition sprechen würden, sind erfüllt für $v(e_1, e_2)$, $v(e_2, e_3)$ sowie $v(e_1, e_2, e_3)$:

104 Vgl. Riker, W. H.: The Theory of Political Coalitions, a.a.O., S. 35. Die Darstellung ist möglich anhand eines Boolschen Mengenrings. Vgl. Henn, R., Künzi, H. P.: Einführung in die Unternehmensforschung I, Berlin - Heidelberg - New York 1968, S. 1 ff.

1. $v(\emptyset) = 0$ (aus Reihe 1)

2. $v(e_1, e_2) = 0{,}5 > v(e_1) + v(e_2) = 0$

$v(e_2, e_3) = 0{,}5 > v(e_2) + v(e_3) = 0$

$v(\Omega) = 1{,}0 > v(e_1) + v(e_2) + v(e_3) = 0$

Je nach Bildung einer bestimmten Koalition würde der Gesamtgewinn derselben dann aufgeteilt. Die Aufteilung des Gewinns wird Imputation[105] genannt und in dem Fall von zwei Koalitionsmitgliedern durch das Paar $\alpha = (b_1, b_2)$, bei drei Koalitionsmitgliedern durch das Zahlentripel $\alpha = (b_1, b_2, b_3)$ ausgedrückt, d. h. bei n Mitgliedern ist $\alpha = (b_1, b_2, \cdots, b_{n-1}, b_n)$[106].

Eine Prüfung der charakteristischen Funktion zeigt, daß das Mitglied $e_2$ eine wichtigere Rolle spielt als die anderen beiden Gruppenangehörigen. Shapley hat als angemessenes Maß den durchschnittlichen Betrag vorgeschlagen, den die Koalition durch das betreffende Element hinzubekommt, wenn die Mitglieder in irgendeiner der möglichen Reihenfolgen einer Vereinbarung beitreten[107]. Grundlage des Shapley-Wertes sind die charakteristischen Funktionen v (S). Auf die Gesamtheit $G_n$ der auf $R = (1, \cdots, n)$ erklärten charakteristischen Funktionen gibt es eine und nur eine Wertefunktion $\Theta_i(v) = \sum_{S \subseteq R} \eta_n(s)\,[v(S) - v(S - \{i\})]$ für $i = 1, 2, \cdots, n$; wobei

$$\eta_n(s) = \frac{(s-1)!\,(n-s)!}{n!} \quad \text{ist.}$$

Die Symbole bedeuten:

$\Theta_i(v)$: Shapley-Wert des i-ten Gruppenmitglieds

s: Die Zahl der Elemente in S

R: Eine einheitliche Schranke von v, auf die die Gesamtheit $G_n$ der charakteristischen Funktion erklärt ist.

Die Summation läuft über alle Untermengen von Mitgliedern und wird mit dem Ausdruck $v(S) - v(S - \{i\})$ multipliziert. Falls i kein Mitglied von S ist, gilt $v(S) - v(S - \{i\}) = 0$. Daraus folgt, daß dieser Ausdruck nur von denjenigen Koalitionen abhängt, die i als Mitglied enthalten. Als Beispiel soll der Shapley-Wert für das Mitglied $e_2$ ausgerechnet werden:

$$\Theta_2(v) = \frac{2!\,1!}{3!}\,[v(e_1, e_2, e_3) - v(e_1, e_3)]$$
$$+ \frac{1!\,1!}{3!}\,[v(e_1, e_2) - v(e_1)]$$

105 Vgl. Shubik, M.: Spieltheorie und die Untersuchung des sozialen Verhaltens: Eine einführende Darstellung, in: Shubik, M. (Hrsg.): a.a.O., S. 55.

106 Für andere in dieser Beziehung noch wichtige Begriffe wie β-Effektivität, Dominanz etc. vgl. die unter Fußnote 103 angegebene Literatur sowie die Gesamtdarstellung bei von Neumann, J., Morgenstern, O.: Spieltheorie und wirtschaftliches Verhalten, Würzburg 1961.

107 Shapley, L. S.: Simple Games, an Outline of the Descriptive Theory, in: Behavioral Science 1962, S. 59 ff.; Ders.: A Value for N-Person Games, a.a.O., S. 307 ff.; Ders. und Shubik, M.: A Method of Evaluating the Distribution of Power in a Committee System, in: American Political Science Review 1954, S. 587 ff.; Shubik, M.: a.a.O., S. 57 ff.

$$+ \frac{1!\,1!}{3!} \; [v\,(e_2, e_3) - v\,(e_3)]$$

$$+ \frac{0!\,2!}{3!} \; [v\,(e_2) - v\,(\emptyset)]$$

$$= \frac{2}{6} \cdot 1 + \frac{1}{6} \cdot 0{,}5 + \frac{1}{6} \cdot 0{,}5 + \frac{2}{6} \cdot 0 = \frac{3}{6} \; \underline{\underline{= 0{,}5}}$$

Die Rechnung kann folgendermaßen interpretiert werden:

1. $e_2$ tritt einer Koalition bei, die aus $e_1$ besteht: $v\,(e_1, e_2) - v\,(e_1) = 0{,}5$.
2. $e_2$ tritt einer Koalition bei, die aus $e_3$ besteht: $v\,(e_2, e_3) - v\,(e_3) = 0{,}5$.
3. $e_2$ tritt einer Koalition bei, die durch den Anschluß von $e_1$ an $e_3$ entstanden ist: $v\,(e_1, e_2, e_3) - v\,(e_1, e_3) = 1{,}0$.
4. $e_2$ tritt einer Koalition bei, die durch den Anschluß von $e_3$ an $e_1$ entstanden ist: $v\,(e_1, e_2, e_3) - v\,(e_3, e_1) = 1{,}0$.
5. $e_2$ tritt einer Koalition von $e_1$ und $e_3$ allein gegenüber: $v\,(e_2) - v\,(\emptyset) = 0$.
6. $e_2$ tritt einer Koalition von $e_3$ und $e_1$ allein gegenüber: $v\,(e_2) - v\,(\emptyset) = 0$.

In diesen sechs Fällen wird die Gesamtzahl der möglichen Koalitionsbildungen erfaßt[108]. Dazu ist noch zu bemerken, daß eine Koalition von $e_1$ und $e_3$ sich auf zweierlei Art und Weise gebildet haben kann und deshalb doppelt berücksichtigt werden muß. Weiterhin gibt es zwei Möglichkeiten, nach denen die anderen Mitglieder eine Koalition ohne $e_2$ bilden können. Der Shapley-Wert wird nun interpretiert als der Wert, der durch $e_2$ bei allen Möglichkeiten hinzugefügt wird, dividiert durch die Anzahl der möglichen Situationen:

$$\Theta_2\,(v) = \frac{0{,}5 + 0{,}5 + 1{,}0 + 1{,}0 + 0 + 0}{6} = 0{,}5$$

Die Berechnungen der Shapley-Werte für $e_1$ bzw. $e_3$ lauten:

$\Theta_1\,(v) = 0{,}25$

$\Theta_3\,(v) = 0{,}25.$

Nun bringen diese Shapley-Werte für $e_1$, $e_2$, $e_3$ in dieser Form durchaus keine neue Information, aus der hervorgeht, daß $e_2$ eine besondere Stellung bei der Abstimmung aufgrund des Vetorechts einnimmt. Mag schlägt deshalb einen Stärkezuschlag oder Agio für Macht[109] für den Fall vor, daß eine Koalition den kritischen Punkt von 0,5, also den mindestens notwendigen Stimmanteil, erreicht oder überschreitet. Unter der Berücksichtigung dieser Tatsache würde sich folgende neue Verteilung ergeben (Agio für Macht = 0,1):

Reihe 1 $\quad v\,(\emptyset) = 0$

Reihe 2 $\quad v\,(e_1) = 0 \quad v\,(e_2) = 0 \quad v\,(e_3) = 0$

Reihe 3 $\quad v\,(e_1, e_2) = 0{,}5 + 0{,}1 = 0{,}6 \quad v\,(e_2, e_3) = 0{,}6 \quad v\,(e_1, e_3) = 0$

Reihe 4 $\quad v\,(\Omega) = v\,(e_1, e_2, e_3) = 1{,}0 + 0{,}1 = 1{,}1$

---

108 Es gibt in diesem Fall immer $n! = (n)\,(n-1)\,(n-2) \ldots (3)\,(2)\,(1)$ mögliche Anordnungen.

109 Vgl. Mag, W.: a.a.O., S. 127.

Die neuen Shapley-Werte sind jetzt:

$\Theta_2 (v) = 0{,}566 = 56{,}6\,\%$
$\Theta_1 (v) = 0{,}206 = 20{,}6\,\%$
$\Theta_3 (v) = 0{,}206 = 20{,}6\,\%$.

In diesen neuen Shapley-Werten kommt die Stärke, die die einzelnen Mitglieder bei der Abstimmung haben, in Hinsicht auf eine potentielle Koalitionsbildung klar zum Ausduck. Es zeigt sich, daß $e_2$ mit einem Anteil von 56,6 % das dominierende Mitglied ist, während $e_1$ und $e_3$ im Falle des Zusammengehens nur 41,2 % erreichen, also gewissermaßen für die geforderte Mindestbedingung von 50 % nicht die genügende Macht haben. Der Shapley-Wert ermöglicht also eine formale Beschreibung des Willensbildungsprozesses in Kollegien. Da eine Gruppenentscheidung dadurch zustande kommt, daß zunächst jedes Mitglied eine andere Präferenzordnung hat und sich erst im Laufe der Verhandlung eine Meinung bildet, sind ständige Vergleiche und Koalitionsbildungen unter den Mitgliedern zur Entscheidungsfindung notwendig[110]. Der Shapley-Wert erlaubt demnach eine quantitative Analyse der Vielfalt der Interaktionsprozesse innerhalb einer Gruppe.

Neben den rational-, macht- und emotional-motivationalen Einflußfaktoren auf die Koalitionsbildung spielen auch oft rein pragmatische Gesichtspunkte eine Rolle; so gehört z. B. der Stimmentausch (Log-Rolling) zu den charakteristischen Taktiken der Koalitionsbildung[111]. Diese Taktik besagt, daß die Mitglieder, die in einem für sie wichtigen Punkt bei der Abstimmung in die Minderheit zu geraten drohen, sich die Unterstützung anderer in dieser Abstimmung dadurch sichern, daß sie versprechen, ihrerseits bei einer für diese Partner wichtigen anderen Streitfrage für deren Standpunkt einzutreten und abzustimmen.

# 3. Die Anwendung der Abstimmungsverfahren bei der Willensbildung

## 3.1 Abstimmungsverfahren und Abstimmungsstrategien aus der Sicht einer normativen Theorie

Allgemein wird die Entscheidungstheorie vorwiegend als normative oder präskriptive Theorie angesehen[112]. Die normative Theorie empfiehlt die Benutzung rationaler Wahlmaximen, um dem Individuum beratend bei seinen Aktionen zu helfen. Es wird ein Aktionsrahmen geboten, den das Individuum auf konkrete Gegebenheiten seiner Handlungssituation anwenden kann. Dabei werden im voraus alternative logische Möglichkeiten durchgerechnet, damit das Individuum eine möglichst optimale Strategie auswählen kann. Aus der Menge der ihm zur Verfügung stehenden Handlungsalternativen wird es demnach diejenige wählen, die zu einem maxi-

110 Vgl. Mag, W.: a.a.O., S. 129.

111 Vgl. Buchanan, J. M., Tullock, G.: a.a.O., S. 125 f.; Gäfgen, G.: Theorie der wirtschaftlichen Entscheidung, a.a.O., S. 425; Riker, W. H.: The Theory of Political Coalitions, a.a.O., S. 112 f.

112 Vgl. Gäfgen, G.: Theorie der wirtschaftlichen Entscheidung, a.a.O., S. 81.

malen Realisationsgrad seiner Präferenzstruktur führt. Die gewählte Strategie gilt als eine Teilmenge der in einer Situation möglichen Strategien[113].

Nach der Aufstellung der individuellen Präferenzordnungen und ihrer möglichen Umwertung durch soziale Beeinflussung ergibt sich die endgültige Wahlentscheidung durch Zusammenfassung der resultierenden Präferenzordnungen der einzelnen Mitglieder unter Verwendung einer bestimmten Abstimmungskondition[114] und eines bestimmten Abstimmungsverfahrens zu einer kollektiven Gruppenpräferenzordnung. Eine Abstimmungssituation, wie sie bei Wahlentscheidungen der Führungskollegien in Unternehmungen besteht, ist dadurch gekennzeichnet, daß mehrere Mitglieder vorhanden sind, die bei einer bestimmten anstehenden Entscheidung hinsichtlich der Alternativen nicht völlig übereinstimmende Ansichten vertreten, andererseits aber ein Interesse daran haben, über eben diese Entscheidung einen gemeinsamen Beschluß herbeizuführen. Dieser Beschluß manifestiert sich in dem Abstimmungsergebnis, d. h. in der Wahl einer bestimmten Entscheidungsalternative.

Diese kausalen Zusammenhänge sollen in Form einer normativen Theorie dargestellt werden, d. h. es soll angegeben werden, wie sich ein Mitglied in einer Wahlsituation möglichst zweckmäßig verhält. Deshalb wird der Vorgang der Willensbildung von dem Standpunkt eines einzelnen ‚Aktors' aus gesehen. Aus der Sicht des Aktors ergibt sich nun noch eine Differenzierung im Hinblick auf seinen Informationsgrad über die individuellen Präferenzordnungen der anderen Gruppenmitglieder. Denn um die Vorgänge der Willensbildung in aller Reinheit darstellen zu können, ist eine Art Modellbetrachtung notwendig. Bei einer Modellbetrachtung wird ein durch Prämissen abgegrenztes und vereinfachtes Abbild der Wirklichkeit, das Modell, zum Gegenstand wissenschaftlicher Betrachtung erhoben. Die Untersuchung von Idealzuständen kann nun mittels idealtypischer Modelle mit verschiedenem Abstraktionsgrad erfolgen. Dabei geht man von allgemein gehaltenen Modellen zu weniger abstrakten über, indem man Schritt für Schritt den Abstraktionsgrad verringert. Dieses Vorgehen soll auch hier angewandt werden.

Wittmann hat den tatsächlichen Informationsgrad folgendermaßen definiert:[115]

$$\text{Tatsächlicher Informationsgrad (TIG)} = \frac{\text{Tatsächlich vorhandene Information}}{\text{Notwendige Information}}$$

Die notwendige Information manifestiert sich hier für den Aktor in der genauen Kenntnis der individuellen Präferenzordnungen aller anderen Mitglieder der Gruppe. Ist die tatsächlich vorhandene Information gleich der notwendigen Information, so ist der tatsächliche Informationsgrad gleich 1, in allen anderen Fällen ist er kleiner als 1. Für die Willensbildung können nun drei Arten des Informationsgrades unterschieden werden:

---

113 Vgl. Kade, G.: Die Grundannahme der Preistheorie, Berlin - Frankfurt/M. 1962, S. 53. Süllwold nennt eine Strategie auch Problemlösungsverhalten; vgl. Süllwold, F.: Bedingungen und Gesetzmäßigkeiten im Problemlösungsverhalten, in: Graumann, C. F. (Hrsg.): Denken, Köln - Berlin 1965, S. 273.

114 Vgl. zum Begriff der Abstimmungskondition und des Abstimmungsverfahrens Kapitel 3.2, S. 50.

115 Vgl. Wittmann, W.: Unternehmung und unvollkommene Information, Köln und Opladen 1959, S. 25.

a) Vollkommener Informationsgrad: Unter vollkommenem Informationsgrad soll hier verstanden werden, daß alle Mitglieder des Führungskollegiums völlige und genaue Kenntnis hinsichtlich der Präferenzordnungen aller Beteiligten besitzen (complete-complete information)[116], d. h. der tatsächliche Informationsgrad aller Mitglieder ist 1. Die Voraussetzung des vollkommenen Informationsgrades schließt ein, daß kein Gruppenmitglied anders abstimmt als genau nach seiner Präferenzordnung, d. h. es gibt hier keine Strategien und keine Möglichkeit für eine Täuschung der anderen. Das Abstimmungsergebnis ist eindeutig determiniert.

b) Unvollkommener Informationsgrad: Der unvollkommene Informationsgrad ist so definiert, daß zwar der Aktor alle Präferenzordnungen der anderen Mitglieder kennt, diese umgekehrt jedoch nicht die seinen (complete-incomplete information). Der Aktor besitzt demnach einen tatsächlichen Informationsgrad von 1, die anderen Mitglieder von $0 \leq \text{TIG} < 1$. In diesem Fall kann der Aktor durch Strategien das Wahlergebnis beeinflussen. Je kleiner das Führungskollegium ist, desto mehr Gewicht kommt der eigenen Stimme zu. Da dem Aktor das Wahlverhalten der anderen Mitglieder bekannt ist, muß er prüfen, wie sich das Wahlergebnis ändert, je nachdem, welche Strategie er wählt, d. h. welcher Alternative er sein Votum gibt. Entweder gibt seine Stimme den Ausschlag, wenn gerade Indifferenz zwischen mehreren Alternativen besteht, oder sie schafft gerade eine solche Indifferenz, wenn ohne seine Stimmabgabe das Ergebnis eindeutig, aber im Hinblick auf die Präferenzordnung des Aktors nicht so günstig gewesen wäre. In letzterem Fall wird vorausgesetzt, daß der Aktor sowohl genaue Kenntnis über die Aktionen der anderen Mitglieder in eventuell folgenden Abstimmungen als auch über die Entscheidung des Mitglieds besitzt, das den Ausschlag gibt[117], wenn die Indifferenzsituation aufgelöst wird.

c) Relativer Unwissenheitsgrad: Der realistische Fall liegt zumeist dann vor, wenn bei allen Mitgliedern ein gewisses Maß an Unsicherheit hinsichtlich der Kenntnis der Präferenzordnungen der anderen besteht (incomplete-incomplete information). Alle Mitglieder haben einen tatsächlichen Informationsgrad kleiner als 1. Hier muß der Aktor unter Annahme subjektiver Wahrscheinlichkeitsverteilungen für die Präferenzordnungen der anderen Mitglieder seine Wahlstrategien festlegen. Das Ergebnis ist damit jedoch nicht in allen Fällen determiniert, da er nur mit subjektiven Wahrscheinlichkeiten arbeiten kann, die die Möglichkeit des Irrtums einschließen.

## 3.2 Die Abstimmungskonditionen

Unter einer Abstimmungskondition[118] wird die Bedingung verstanden, die zur Annahme einer Alternative entweder Einstimmigkeit oder nur eine bestimmte Mehrheit der Stimmen der Mitglieder erfordert. Demnach ist die Abstimmungskondition von besonderer Wichtigkeit bei der Willensbildung[119]. Allgemein muß

---

116 In der Terminologie von Siegel, S., Fouraker, L. E.: Bargaining and Group Decision Making, New York - Toronto - London 1960, S. 28 f.

117 Bei Stimmengleichheit gibt zumeist der Vorsitzende oder Primus inter Pares den Ausschlag.

118 In der politischen Wissenschaft wird oft der Ausdruck „Abstimmungsmodus" verwendet.

119 Die Abstimmungskondition ist zumeist in der Satzung oder Geschäftsordnung festgelegt.

hier zwischen Einstimmigkeit und einfacher qualifizierter Mehrheit unterschieden werden[120].

Bei Einstimmigkeit ist ein gemeinsamer Beschluß nur möglich, wenn sich alle Gruppenmitglieder völlig einig sind. In Führungskollegien, deren Abstimmungskonditionen die Einstimmigkeit vorschreiben, ist die sogenannte Kassationskollegialität gegeben[121]. Im Falle der Kassationskollegialität steht jedem einzelnen Mitglied automatisch ein Vetorecht zu.

Bei der Mehrheitskondition wird die einfache Mehrheit wiederum untergliedert in die relative Mehrheit (der abgegebenen Stimmen) und die absolute Mehrheit. Bei der einfachen relativen Mehrheit ist aus einer Reihe von Entscheidungsalternativen $a_j$ ($j = 1, 2, \cdots i, \cdots, n$) eine Alternative $a_i$ gewählt, wenn die für $a_i$ abgegebene Stimmenzahl

$S(a_i) > S(a_j)$ ist,

wobei $a_j$ eine beliebige Entscheidungsalternative aus der Reihe $a_j$ ($j = 1, 2, \cdots, n$) ohne $a_i$ ist. Die einfache absolute und die qualifizierte Mehrheit können sich jeweils beziehen

a) auf die abgegebenen Stimmen,
b) auf die bei der Sitzung vertretenen Stimmen,
c) auf die Stimmen aller stimmberechtigten Mitglieder der Gruppe einschließlich der abwesenden.

Die einfache absolute Mehrheit ist definiert:

$$M \geq Z > \frac{M}{2} \quad \text{(M, Z ganzzahlig)}$$

Als qualifizierte Mehrheit gilt:

$$M \geq Z \geq \frac{b}{c} \cdot M$$

wobei $\frac{b}{c}$ praktisch nur auftritt in den Grenzen:

$$1 \geq \frac{b}{c} \geq \frac{c+1}{2c} \quad \text{für ungerade c und}$$

$$1 \geq \frac{b}{c} \geq \frac{c+2}{2c} \quad \text{für gerade c.}$$

Es bedeuten:

M: Gesamtzahl der abgegebenen Stimmen oder Zahl der vertretenen Stimmen oder Gesamtzahl der Stimmen des Führungskollegiums.

$\frac{b}{c}$ : Erforderlicher Bruchteil der Mehrheit.

Z: Erforderliche Anzahl der Stimmen.

---

120 Vgl. Fraenkel, E., Bracher, K. D. (Hrsg.): Staat und Politik, Das Fischer Lexikon, Stichwort Wahlverfahren, Frankfurt/Main 1967, S. 357.

121 Vgl. Kosiol, E.: Organisation der Unternehmung, a.a.O., S. 118 und 125.

In den Führungskollegien, in denen die Abstimmungskondition der einfachen oder qualifizierten Mehrheit Gültigkeit hat, liegt die sogenannte Abstimmungskollegialität vor[122].

In der vorhandenen betriebswirtschaftlichen Organisationsliteratur zum Problem der Willensbildung wird noch zwischen einfachen und differenzierten Abstimmungskonditionen unterschieden[123]. Sehen Abstimmungskonditionen als alleinige Mindestbedingung Einstimmigkeit oder eine bestimmte Mehrheit der Stimmen vor, so kann von einfacher Abstimmungskondition gesprochen werden. Differenzierte Abstimmungskonditionen sehen neben einer bestimmten Mehrheit zusätzliche Mindestbedingungen für die Wahl einer Entscheidungsalternative vor. Diese Zusatzbedingungen beziehen sich i. d. R. auf Sonderstimmrechte einzelner Mitglieder. Meistens wird das Sonderstimmrecht, das auch ein Vetorecht beinhalten kann, dem Vorsitzenden oder dem Ressortleiter, dessen Bereich durch eine gemeinsame Entscheidung betroffen wird, zugestanden. Kosiol weist in diesem Zusammenhang auf die Tatsache hin, daß in den Führungskollegien oft nicht nur eine einzige Abstimmungskondition zur Anwendung kommt, sondern die Art dieser Kondition mit der Art und Bedeutung der Entscheidung variiert[124]. So wird oft für ganz besonders wichtige Entscheidungen (z. B. Satzungsänderungen, Aufnahme neuer Gesellschafter, bedeutsame Investitionsentscheidungen) ein einstimmiger Beschluß vorgesehen.

### *3.21 Die einstimmige Beschlußfassung*

#### 3.211 Die einstimmige Beschlußfassung bei vollkommenem Informationsgrad

Bei einstimmiger Beschlußfassung unter vollkommenem Informationsgrad ist durch die Existenz der individuellen Präferenzordnungen ein bestimmter Bereich gegeben, innerhalb dessen eine Einigung nur liegen kann. Dieser Bereich wird durch das Anspruchsniveau der einzelnen Mitglieder genau determiniert. Generell sind drei Möglichkeiten denkbar:[125]

a) Es existiert keine Lösung, wenn nicht ein oder beide Mitglieder das Anspruchsniveau[126] verlagern. Die Präferenzordnungen der beiden Mitglieder seien:

---

122 Vgl. Kosiol, E.: Organisation der Unternehmung, a.a.O., S. 118 und 125.

123 Vgl. Kosiol E.: Organisation des Entscheidungsprozesses, Berlin 1959, S. 118 ff.

124 Ebenda, S. 130.

125 Die graphischen Darstellungen zeigen der Übersicht halber die Lösungsmöglichkeiten für zwei Mitglieder; eine Erweiterung auf mehrere ist analog möglich. Vgl. dazu auch Fouraker, L. E.: Level of Aspiration and Group Decision Making, in: Messick, S., Brayfield, A. H. (Hrsg.): Decision and Choice, New York - San Francisco - London - Toronto 1964, S. 203.

126 Das Anspruchsniveau kann auch mit dem Ausdruck „Konzessionsuntergrenze" verdeutlicht werden. Pen benutzt den Begriff „Konfliktophelimität", Iklé und Leites den Ausdruck „Minimumdisposition". Vgl. Pen, J.: A General Theory of Bargaining, in: The American Economic Review 1952, S. 24 ff.; Iklé, F. C., Leites, N.: Verhandlungen — ein Instrument zur Modifikation der Nutzenvorstellungen, in: Shubik, M. (Hrsg.): a.a.O., S. 258.

| Wertrangzahl | 5 | 4 | 3 | 2 | 1 |
|---|---|---|---|---|---|
| P ($e_1$)[127] | $a_1$ | $a_2$ | $a_3$ | $a_4$ | $a_5$ |
| P ($e_2$) | $a_4$ | $a_5$ | $a_3$ | $a_1$ | $a_2$ |

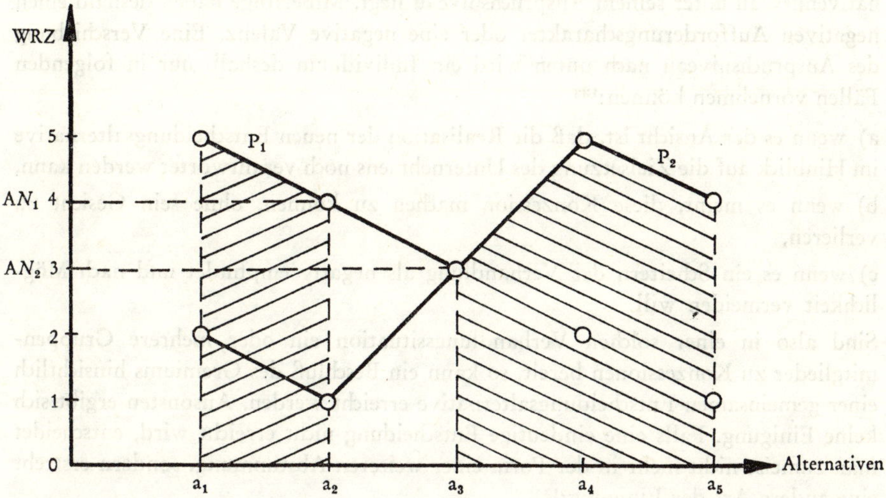


Abb. 28

In diesem Fall muß eine Verhandlung eingeleitet werden, falls es zu einer Einigung kommen soll. Voraussetzung für eine mögliche Einigung ist eine Herabsetzung des Anspruchsniveaus oder der Konzessionsuntergrenze. „Das Anspruchsniveau ist das Bündel aller Ansprüche, die erfüllt sein müssen, damit das Individuum zufriedengestellt wird[128].“ Das Anspruchsniveau ist realistisch, wenn angenommen werden kann, daß die Ansprüche erreichbar sind. Die Definition zum Konzept des Anspruchsniveaus von Siegel und Fouraker[129] bezieht sich auf die individuelle Entscheidungssituation für den Fall, daß jede Entscheidungsalternative als Leistungsziel auf einer Skala fixiert werden kann. Das Anspruchsniveau läßt sich dann operational definieren als Punkt im positiven Bereich der Wertfunktion. Alle Punkte auf und oberhalb des Anspruchsniveaus haben positiven Nutzen und erzeugen Zufriedenheit[130], alle Punkte unterhalb des Anspruchsniveaus haben negativen Nutzen und erzeugen Unzufriedenheit.

Bei der Willensbildung determinieren nun Richtung und Größe der Abweichung vom Anspruchsniveau Erfolgs- oder Mißerfolgserlebnisse eines Individuums. „Das Erlebnis einer Leistung als Erfolg oder Mißerfolg ist also nicht allein von ihrer objektiven Güte abhängig, sondern davon, ob das Anspruchsniveau als erreicht oder

127 Bedeutung der Symbole: P sei die Präferenzordnung, $e_1$ und $e_2$ seien die beiden Mitglieder des Führungskollegiums.

128 Sauermann, H., Selten, R.: Anspruchsanpassungstheorie der Unternehmung, in: Zeitschrift für die gesamte Staatswissenschaft 1962, S. 579.

129 Vgl. Siegel, S., Fouraker, L. E.: a.a.O., S. 91 f.

130 Vgl. auch Radner, R.: Mathematical Specifikation of Goals for Decision Problems, in: Shelly, M. W., Bryan, G. L. (Hrsg.): a.a.O., S. 212.

nicht erreicht erscheint[131]." Falls das Individuum eine Alternative durchsetzt, die sein gesetztes Anspruchsniveau erreicht oder übersteigt, sieht es sein Streben als erfolgreich an. Ein Erfolgserlebnis hat einen positiven Aufforderungscharakter oder eine positive Valenz[132]. Das Individuum ist unzufrieden, wenn das erreichte Alternativenniveau unter seinem Anspruchsniveau liegt. Mißerfolge haben deshalb einen negativen Aufforderungscharakter oder eine negative Valenz. Eine Verschiebung des Anspruchsniveau nach unten wird ein Individuum deshalb nur in folgenden Fällen vornehmen können:[133]

a) wenn es der Ansicht ist, daß die Realisation der neuen Entscheidungsalternative im Hinblick auf die Zielsetzung des Unternehmens noch verantwortet werden kann,

b) wenn es meint, diese Konzession machen zu können, ohne sein Gesicht zu verlieren,

c) wenn es ein Scheitern der Verhandlung als negativ empfindet und nach Möglichkeit vermeiden will.

Sind also in einer solchen Verhandlungssituation ein oder mehrere Gruppenmitglieder zu Konzessionen bereit, so kann ein Beschluß des Gremiums hinsichtlich einer gemeinsamen Entscheidungsalternative erreicht werden. Ansonsten ergibt sich keine Einigung. Falls eine eindeutige Entscheidung nicht erreicht wird, entscheidet man zumeist nicht mehr in der Form einer weiteren Abstimmung, sondern erstrebt eine andere Art der Einigung:[134]

1. Vorschlagsübereinkunft (proposal consensus): Diese Form der Einigung kann erreicht werden, indem der Vorsitzende oder ein einzelnes Mitglied eine Art Kompromißvorschlag macht, der auch von den übrigen Mitgliedern akzeptiert werden kann.

2. Aufgeschobene Entscheidung (postponing decision): Die Gruppe stimmt zu, daß sie nicht übereinstimmt (agree to disagree). Die eindeutige Entscheidung wird aufgeschoben, bis sich ein Kompromiß findet.

3. Delegation der Entscheidungsautorität (delegation of decision making authority): Da eine Gruppenentscheidung unmöglich erscheint, wird die Entscheidung an ein Expertenteam delegiert, das speziell gebildet wird.

b) Es existiert eine gemeinsame Lösung, da das Anspruchsniveau beider Mitglieder bei der gleichen Alternative liegt. Die Präferenzordnungen der beiden Mitglieder seien:

---

131 Hoppe, F.: Das Anspruchsniveau, in: Thomae, H. (Hrsg.): Die Motivation menschlichen Handelns, Köln - Berlin 1965, S. 218.

132 Vgl. zu diesen Begriffen Lewin, K.: Feldtheorie in den Sozialwissenschaften, Bern - Stuttgart 1963, S. 28 f.; Rühl, G.: Arbeitswissenschaftliche Optimierung technischer und organisatorischer Systeme, in: Stöhr, R. W. (Hrsg.): Unternehmensführung auf neuen Wegen, Wiesbaden 1967, S. 135 f.; Thomae, H.: Der Mensch in der Entscheidung, München 1960, S. 18 ff.

133 Diese Problematik klingt auch an bei Cleland, S.: A Short Essay on a Managerial Theory of the Firm, in: Boulding, K. E., Spivey, W. A. (Hrsg.): Linear Programming and the Theory of the Firm, New York 1960, S. 209; Schmidt-Sudhoff, U.: a.a.O., S. 68 f.; Siegel, S.: Level of Aspiration and Decision Making, in: Messick, S., Brayfield, A. H. (Hrsg.): a.a.O., S. 113 ff.; Simon, H. A.: The Role of Expectation in an Adaptive or Behavioristic Model, in: Bowman, M. J. (Hrsg.): Expectations, Uncertainty and Business Behavior, New York 1958, S. 56 f.

134 Vgl. Gordon, T.: Group-centered Leadership: a Way of Releasing the Creative Power of Groups, Boston 1955, S. 8 ff.

| Wertrangzahl | 5 | 4 | 3 | 2 | 1 |
|---|---|---|---|---|---|
| P (e1) | a2 | a3 | a4 | a5 | a1 |
| P (e2) | a4 | a3 | a1 | a2 | a5 |

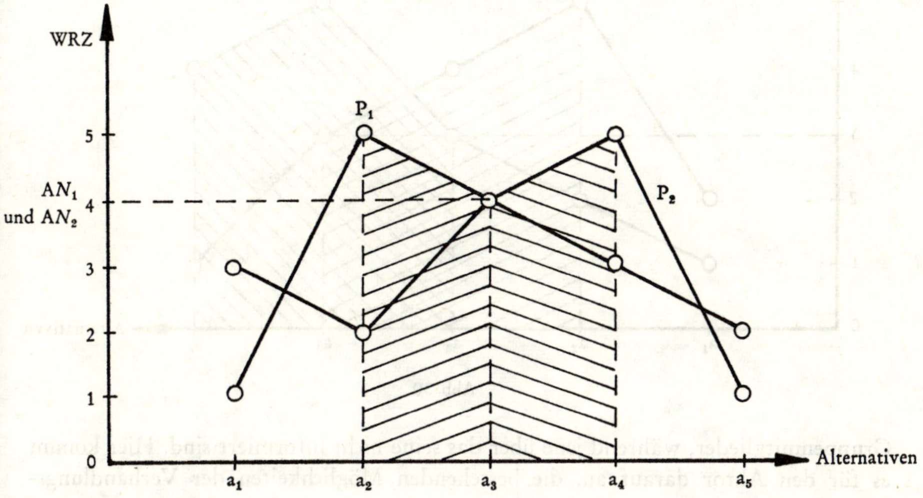


Abb. 29

Der Einstimmigkeitsbeschluß kommt hier für die Alternative $a_3$ zustande.

c) Es existieren mehrere gemeinsame Lösungen. Angenommen, die Präferenzordnungen der Gruppenmitglieder seien wie folgt:

| Wertrangzahl | 5 | 4 | 3 | 2 | 1 |
|---|---|---|---|---|---|
| P (e1) | a2 | a3 | a4 | a1 | a5 |
| P (e2) | a4 | a5 | a3 | a2 | a1 |

Das Anspruchsniveau liege für beide Mitglieder bei Wertrangzahl 3 (s. Abb. 30):

Wie man ersieht, werden die Gruppenmitglieder sich noch über die Alternativen $a_3$ und $a_4$ einigen müssen, weil beide auf oder über ihrem Anspruchsniveau liegen und deshalb als akzeptabel angesehen werden. Bei dieser Konstellation der Präferenzordnungen bleibt also ein Bereich übrig, in dem mehrere Alternativen für die Mitglieder akzeptabel sind. Da dies aber jedes Mitglied weiß und deshalb beide diesen Bereich beanspruchen, ist das Ergebnis unbestimmt (Rationale Indeterminiertheit). Im Bedarfsfalle kann hier der Vorstandsvorsitzende oder das Mitglied, dessen Ressort hauptsächlich betroffen wird, den Ausschlag geben.

### 3.212 Die einstimmige Beschlußfassung bei unvollkommenem Informationsgrad

Es wird nunmehr unterstellt, daß volle Kenntnis der Präferenzordnungen nur auf seiten des Aktors vorhanden ist. Dieser kennt das Anspruchsniveau der übrigen

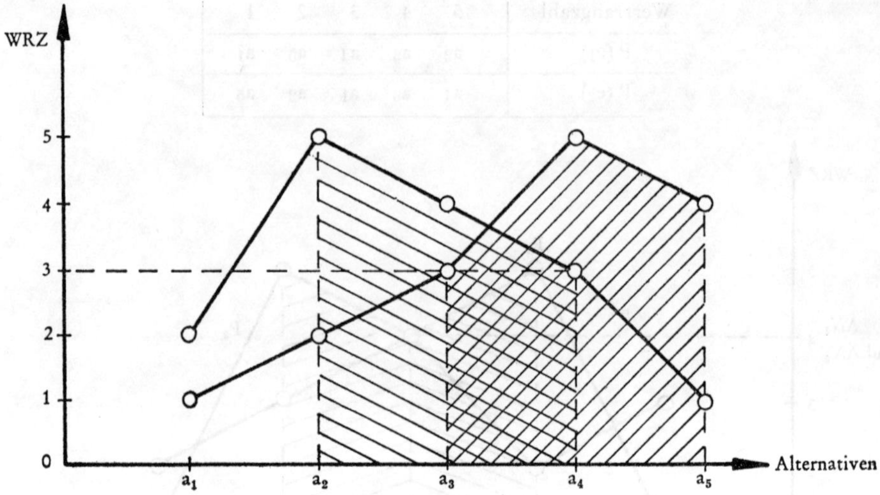


Abb. 30

Gruppenmitglieder, während jene über das seine nicht informiert sind. Hier kommt es für den Aktor darauf an, die bestehenden Möglichkeiten der Verhandlungssituation weitestgehend auszuschöpfen.

a) In dem Fall, in dem keine Lösung existiert (Abb. 28), kann der Aktor durch eine Verlagerung seines Anspruchsniveaus nach oben den Gegner zu einer größeren Kompromißbereitschaft zwingen. Hier gibt es wiederum drei Möglichkeiten der Verhaltensweise:[135]

1. Bluff (pure bluffing case): Der Aktor fixiert sein Anspruchsniveau so hoch wie möglich, ist aber immer bereit, Konzessionen zu machen, um eventuell eine Einigung auf mittlerem Niveau zu erreichen.

2. Intransigenz (pure asymmetrical case): Der Aktor bleibt starr bei seiner ersten Forderung, indem er erwartet, daß der Kontrahent alle Konzessionen macht.

3. Eine Kombination beider Möglichkeiten: Der Aktor setzt sein Anspruchsniveau so hoch wie möglich fest und besteht anfangs auf seinen Forderungen; falls der Kontrahent jedoch bei einem bestimmten Punkt keine Konzession mehr macht, ist er auch zum Nachgeben bereit.

b) Hier existiert ursprünglich eine gemeinsame Lösung (Abb. 29), da beide Mitglieder für eine Alternative das gleiche Anspruchsniveau haben. Der Aktor hat hier jedoch auch die Möglichkeit, sein Anspruchsniveau höher festzulegen und eventuell noch Konzessionen des Kontrahenten zu erreichen. Ist das gegnerische Mitglied dazu nicht bereit, wird eine Einigung auf die ursprüngliche Entscheidungsalternative erreicht.

---

135 Vgl. Cross, J. G.: A Theory of the Bargaining Process, in: The American Economic Review 1965, S. 70 f.

c) Liegt das gegnerische Anspruchsniveau so, daß zwischen diesem und dem Anspruchsniveau des Aktors noch mehrere Entscheidungsalternativen existieren (Abb. 30), die für beide akzeptabel sind, so wählt der Aktor davon diejenige aus, die für ihn die höchste Präferenz besitzt. Es würden also folgende Ergebnisse realisiert:

Falls der Aktor die Präferenzordnung $P_1$ hätte: $a_3$.
Falls der Aktor die Präferenzordnung $P_2$ hätte: $a_4$.

### 3.213 Die einstimmige Beschlußfassung bei relativem Unwissenheitsgrad

Bei der einstimmigen Beschlußfassung unter relativem Unwissenheitsgrad kennt der Aktor weder das gegnerische Anspruchsniveau noch die gegnerische Konzessionsrate. Die Problematik soll hier an einem Modell von Iklé und Leites erörtert werden:[136]

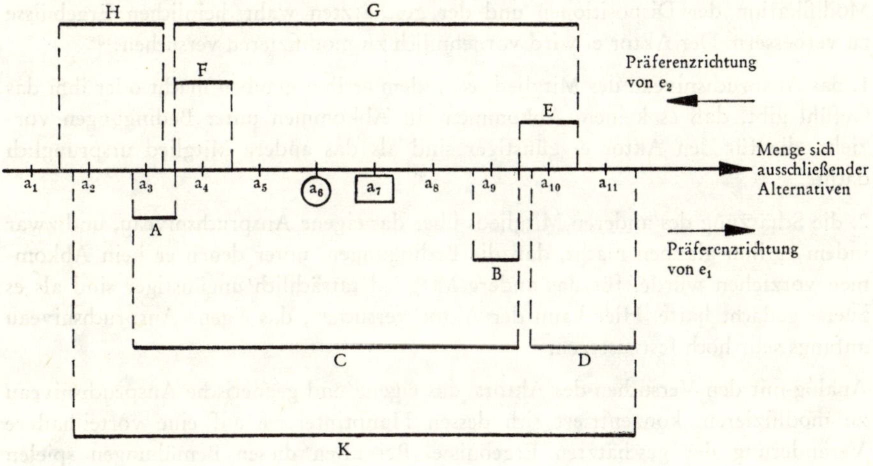


Abb. 31

Es bedeuten:

A Anspruchsniveau des Faktors $e_1$
B Von $e_1$ geschätztes Anspruchsniveau von $e_2$
C Von $e_1$ geschätzter Verhandlungsbereich
D Von $e_1$ vorgetäuschte Verhandlungsposition ($e_1$ beginnt mit der höchsten Forderung)
E Anspruchsniveau des Mitgliedes $e_2$
F Von $e_2$ geschätztes Anspruchsniveau von $e_1$
G Von $e_2$ geschätzter Verhandlungsbereich
H Von $e_2$ vorgetäuschte Verhandlungsposition
K Tatsächlicher Verhandlungsbereich
$a_6$ Von $e_2$ geschätztes wahrscheinliches Ergebnis
$a_7$ Von $e_1$ geschätztes wahrscheinliches Ergebnis

136 Vgl. Iklé, F. C., Leites, N.: a.a.O., S. 257 ff.

Für das Modell muß noch folgende Prämisse berücksichtigt werden: Die Verhandlungen befassen sich mit einem Übereinkommen, bei dem sich beide Mitglieder nur bezüglich einer Menge sich gegenseitig ausschließender Alternativen $a_1, a_2, \cdots, a_n$ in einem Interessengegensatz befinden; $e_1$ zieht immer $a_{11}$ gegenüber $a_{10}$, $a_{10}$ gegenüber $a_9$ etc. vor, während die Präferenzordnung von $e_2$ umgekehrt verläuft[137]. Die Verhandlung zur Erreichung eines gemeinsamen Beschlusses basiert nunmehr auf gegenseitigen Zugeständnissen. Ein Wechsel der Verhandlungsposition von einer Entscheidungsalternative zu einer anderen heißt ein vorgetäuschtes Zugeständnis, wenn beide Positionen im vorgetäuschten Verhandlungsbereich liegen (für $e_1$: $a_{11} \rightarrow a_{10}$, für $e_2$: $a_2 \rightarrow a_3$); es ist ein echtes Zugeständnis, wenn ein Positionswechsel in dem geschätzten Verhandlungsbereich erfolgt (für $e_1$: $a_{10} \rightarrow a_9 \rightarrow a_8 \rightarrow a_7$, für $e_2$: $a_3 \rightarrow a_4 \rightarrow a_5 \rightarrow a_6$).

Solange beide Mitglieder versuchen, zu einem gemeinsamen Beschluß hinsichtlich einer Alternative zu gelangen, werden sie versuchen, die eigenen Bedingungen durch Modifikation der Dispositionen und der geschätzten wahrscheinlichen Ergebnisse zu verbessern. Der Aktor $e_1$ wird vornehmlich zu modifizieren versuchen:[138]

1. das Anspruchsniveau des Mitglieds $e_2$, indem er ihm glauben macht oder ihm das Gefühl gibt, daß es keinem Abkommen ein Abkommen unter Bedingungen vorzieht, die für den Aktor $e_1$ günstiger sind als das andere Mitglied ursprünglich dachte,

2. die Schätzung des anderen Mitglieds über das eigene Anspruchsniveau, und zwar indem er ihm glauben macht, daß die Bedingungen, unter denen er kein Abkommen vorziehen würde, für das andere Mitglied tatsächlich ungünstiger sind als es zuerst gedacht hatte. Hier kann der Aktor versuchen, das eigene Anspruchsniveau anfangs sehr hoch festzusetzen.

Analog mit den Versuchen des Aktors, das eigene und gegnerische Anspruchsniveau zu modifizieren, konzentriert sich dessen Hauptinteresse auf eine vorteilhaftere Veränderung der geschätzten Ergebnisse. Bei allen diesen Bemühungen spielen Verhandlungspositionen anfänglicher Forderungen und Angebote, Gegenforderungen und Gegenangebote oder Positionen, die untergeordnete Details betreffen, eine wichtige Rolle[139].

Bei dem gegenwärtigen Stand der Forschung ist es noch nicht möglich, einen definitiv theoretischen Einigungspunkt anzugeben. Die Verhandlungstheorie des bilateralen Monopols und des Oligopols ist zwar von der Nationalökonomie sehr eingehend behandelt worden[140], aber auch dort kommt man nur zu dem Schluß, daß „als Gleichgewichtslagen[141] nur die auf der Kontraktkurve liegenden Punkte in Frage kommen[142]"

137 Iklé und Leites betonen, daß diese konstante Anordnung der Präferenzen nicht bedeutet, daß die Nutzen- oder Wertrangvorstellungen konstant sind. Vgl. Iklé, F. C., Leites, N.: a.a.O., S. 258.

138 Ebenda, S. 261.

139 Vgl. Iklé, F. C., Leites, N.: a.a.O., S. 264 f.

140 Vgl. u. a. Krelle, W.: Preistheorie, a.a.O., S. 405 ff.; Schneider, E.: Einführung in die Wirtschaftstheorie, 9. Auflage, Teil II, Tübingen 1964, S. 355 ff.

141 Mit Gleichgewichtslagen sind Einigungslagen gemeint.

142 Schneider, E.: a.a.O., S. 362.

Schneider fährt fort: „Alle diese Punkte sind als Gleichgewichtslagen möglich. Welche von den vielen möglichen Verhaltensweisen zur Anwendung kommen, kann im Rahmen der ökonomischen Theorie ebensowenig entschieden werden wie bei der ... Marktform des Oligopols. Eben deshalb ist die ökonomische Lösung des Gleichgewichtsproblems indeterminiert[143]."

Die Einigung wird auch desto schwieriger, je mehr Personen bei dieser Art der Willensbildung beteiligt sind. Denn selbst, wenn n-1 Mitglieder bereits zu einer gemeinsamen Haltung gekommen sind, hängt noch immer alles von dem Verhalten der letzten Person ab.

Falls man zu einer gemeinsamen Lösung gelangt, wird die diesbezügliche Alternative i. d. R. in dem geschätzten Verhandlungsbereich liegen. Siegel und Fouraker geben die Lage der Alternative, auf die man sich einigt, nach folgender Formel an:[144]

$$a_{ti\,(e_1)} = a_{(e_1)max} - \frac{a_{(e_1)max} - a_{(e_1)min}}{1 + s_{(e_1)}\, r_{(e_2)}} \left(1 - \frac{1}{ti^{\,r(e_1)}}\right)$$

mit $a_{(e_1)max} \geq a_{ti\,(e_1)} \geq a_{(e_1)min}$

Hierbei bedeuten:

$a_{ti\,(e_1)}$ Von $e_1$ akzeptierte Alternative zur Zeit ti

$a_{(e_1)max}$ Ranghöchste erstrebte Alternative von $e_1$

$a_{(e_1)min}$ Anspruchsniveau für $a_i$ von $e_1$

$r_{(e_1)}$ Index für die Konzessionsrate von $e_1$

$r_{(e_2)}$ Index für die Konzessionsrate von $e_2$

$s_{(e_1)}$ Index, der die Fähigkeit von $e_1$ angibt, die Konzessionsrate seines Kontrahenten $e_2$ zu schätzen

t Dauer der Verhandlung, so daß ti die Verhandlungssituation zur Zeit ti angibt ($i = 1, 2, \cdots, N$).

Die Gleichung ergibt folgende Extremwerte als Intervallgrenzen:

a) Falls die Konzessionsrate $r_{(e_1)}$ gleich Null ist, ergibt sich:

$a_{ti\,(e_1)} = a_{(e_1)max}$

d. h., $e_1$ besteht auf der Durchsetzung seiner am höchsten bewerteten Alternative; er ist zu keiner Konzession bereit.

b) Falls die Konzessionsrate von $e_2$ gleich Null ist, erhält man:

$$a_{ti\,(e_1)} = a_{(e_1)min} + \left(a_{(e_1)max} - a_{(e_1)min}\right) \frac{1}{ti^{\,r(e_1)}}$$

143 Schneider, E.: a.a.O., S. 362.

144 Vgl. Siegel, S., Fouraker, L. E.: a.a.O., S. 28 f. Die Gleichung wird hier abgewandelt nur für den Aktor $e_1$ angegeben. Ein Gleichungssystem ist jedoch für n Gruppenmitglieder möglich, wobei sich insgesamt n (n—1) Gleichungen ergeben.

Je größer die Konzessionsrate von $e_1$ ist, um so mehr nähert er sich seinem Anspruchsniveau $a_{(e_1)min}$.

Für Versuche über die Vergrößerung der Information und die Einflußnahme auf das Verhalten anderer Mitglieder bei Verhandlungen lassen sich gewisse Regeln aufstellen. Diese Regeln nennt man Verhandlungstaktiken, die aber nur sehr allgemeine Grundsätze anführen, auf deren Angabe hier verzichtet werden soll[145].

### *3.22 Die mehrheitliche Beschlußfassung*

#### 3.221 Die verschiedenen Abstimmungsverfahren bei vollkommenem Informationsgrad

Bei mehrheitlicher Beschlußfassung ist mit dem Abstimmungsverfahren ein Mittel gegeben, das immer dann zu einem Ergebnis führt, wenn ein Bereich von Alternativen vorhanden ist, der für die vorgesehene Mehrheit akzeptabel ist. Unter dem Abstimmungsverfahren wird hier eine Wahlregel für die Ausscheidung unter den Alternativen verstanden. Auch das Abstimmungsverfahren kann entweder in der Satzung oder der Geschäftsordnung niedergelegt sein; es kann aber auch jeweils vor der Abstimmung durch Beschluß der Gruppe bestimmt werden.

Über die zur Abstimmung anstehenden Entscheidungen wird zumeist entsprechend der Tagesordnung abgestimmt. Eine wichtige Notwendigkeit ist die Feststellung der Beschlußfähigkeit des Gremiums. Damit eine Gruppe beschlußfähig ist, wird zumeist gefordert, daß sie ordnungsgemäß einberufen ist und daß alle Mitglieder über den Gegenstand der Abstimmung informiert sind. Weiterhin muß eine Mindestzahl (Quorum) von stimmberechtigten Mitgliedern (oder vertretenen Stimmen) anwesend sein, damit ein bindender Entschluß gefaßt werden kann.

Im folgenden werden die einzelnen möglichen Verfahren anhand von Beispielen unter Annahme des vollkommenen Informationsgrades bei der Willensbildung der Führungskollegien in Unternehmen angeführt. Voraussetzung für die folgenden Erörterungen ist, daß jedes Mitglied eine Stimme hat und daß bei unentschiedenem Ausgang der Vorsitzende durch seine Entscheidung den Ausschlag gibt[146].

---

145 Vgl. dazu Krelle, W.: Preistheorie, a.a.O., S. 452 ff.; Iklé, F. C.: Strategie und Taktik des diplomatischen Verhandelns, Gütersloh 1965.

146 In manchen Führungskollegien kann die Stimmenverteilung an die Eigentumsverhältnisse geknüpft sein (z. B. bei OHG, KG). Hier liegt das sogenannte Pluralwahlsystem vor, bei dem das Stimmenverhältnis gemäß dem Eigentumsanteil jedes Mitglieds festgelegt ist. Hier kann es möglich sein, daß ein einzelnes Mitglied in manchen Fällen Alleinentscheidung sowie ein Vetorecht hat.
*Beispiel:*

| Mitglieder | $e_1$ | $e_2$ | $e_3$ |
|---|---|---|---|
| Kapitalanteile | 55 % | 30 % | 15 % |

$e_1$ hat bei Abstimmungen, die lediglich einfache Mehrheit erfordern, die Möglichkeit zu alleiniger Entscheidung gegen $e_2$ und $e_3$. Bei qualifizierter Mehrheit oder Einstimmigkeit hat es eine Vetomöglichkeit. Keine Entscheidung kann gegen $e_1$ getroffen werden. Für $e_2$ ergibt sich bei Entscheidungen mit einfacher Mehrheit keine Möglichkeit einer alleinigen Positiv- oder Negativentscheidung. In Fällen erforderlicher qualifizierter Mehrheit sowie Einstimmigkeit ist $e_2$ jedoch stets in der Lage, eine Entscheidung gegen seinen Willen zu verhindern. $e_3$ hat bei Entscheidungen mit einfacher oder qualifizierter Mehrheit keine Einflußmöglichkeit, sondern nur ein Vetorecht bei Einstimmigkeit. Vgl. dazu auch Mag, W.: a.a.O., S. 126 ff.

### *3.221.1 Die Abstimmung nach den ranghöchsten Alternativen*

Das einfachste und in den meisten Fällen der Willensbildung angewandte Abstimmungsverfahren ist dasjenige nach den ranghöchsten Alternativen. In Abb. 32 wird das Abstimmungsverfahren schematisch gezeigt. In der Kopfzeile sind die verschiedenen Mitglieder $e_1, e_2, \cdots, e_n$ eingetragen. Zur Wahl stehen die Entscheidungsalternativen $a_1, a_2, \cdots, a_m$, die spaltenweise angeordnet sind. Jede Spalte ist sozusagen ein Stimmzettel für jedes Mitglied. Die Entscheidungsalternative mit der höchsten Präferenz (Wertrangzahl) wird markiert. In der Summenspalte werden dann die auf jede Alternative entfallenen Stimmen addiert und der Prüfung durch die relevante Mehrheitskondition unterzogen.

| | Mitglieder (Stimmen) | | | | | | | $\sum_{j=1}^{n} x_{ij}$ |
|---|---|---|---|---|---|---|---|---|
| Alternativen | $e_1$ | $e_2$ | $e_3$ | · · | $e_j$ | · · | $e_n$ | |
| $a_1$ | $x_{11}$ | $x_{12}$ | $x_{12}$ | · · | $x_{1j}$ | · · | $x_{1n}$ | |
| $a_2$ | $x_{21}$ | $x_{22}$ | $x_{23}$ | · · | $x_{2j}$ | · · | $x_{2n}$ | |
| $a_3$ | $x_{31}$ | $x_{32}$ | $x_{33}$ | · · | $x_{3j}$ | · · | $x_{3n}$ | |
| · | · | · | · | | · | | · | |
| · | · | · | · | | · | | · | |
| $a_i$ | $x_{i1}$ | $x_{i2}$ | $x_{i3}$ | · · | $x_{ij}$ | · · | $x_{in}$ | |
| · | · | · | · | | · | | · | |
| · | · | · | · | | · | | · | |
| $a_m$ | $x_{m1}$ | $x_{m2}$ | $x_{m3}$ | · · | $x_{mj}$ | · · | $x_{mn}$ | |

Abb. 32

Es ist:

$$x_{ij} = \begin{cases} 1, \text{ falls Alternative } a_i \text{ gewählt} \\ 0 \text{ sonst} \end{cases}$$

Die Alternative, die die meisten Stimmen erhält und der Abstimmungskondition genügt ($a_w$), ergibt die Entscheidung des Kollegiums:

$$a_w = \max_{1 \leq i \leq m} \left( \sum_{j=1}^{n} x_{ij} \right)$$

Der Vorteil dieses Verfahrens liegt darin, daß es einfach durchzuführen ist und wenig Zeit erfordert. Außerdem ergibt es immer ein eindeutiges Ergebnis der Annahme oder Ablehnung einer Entscheidungsalternative gemäß der Abstimmungskondition, da bei unentschiedenem Ausgang voraussetzungsgemäß die Stimme des Vorsitzenden den Ausschlag gibt.

### *3.221.2 Das Alternativabstimmungsverfahren*[147]

Bei der Alternativabstimmung sind eventuell mehrere Wahlgänge notwendig. Im ersten Wahlgang werden nur die in den individuellen Präferenzordnungen an erster Stelle stehenden Entscheidungsalternativen berücksichtigt und wie unter 3.221.1 ausgewertet. Erhält die ausgewählte Alternative nicht die erforderliche Mehrheit, eliminiert man die Alternative (n) mit den wenigsten Stimmen. Die Zahl dieser eliminierten Stimmen wird dann gemäß den jeweiligen zugehörigen Prä-

147 Vgl. Black, D.: The Theory of Committees and Elections, 2nd edition, Cambridge 1963, S. 72 ff.

ferenzordnungen auf die restlichen Entscheidungsalternativen verteilt. Ein Beispiel möge das Verfahren verdeutlichen:

Es soll eine Entscheidung über den Standort einer Betriebsstätte herbeigeführt werden. Zielvariable sei eine nicht quantifizierbare Größe, z. B. die Qualität der Arbeitskräfte. Nach Ausscheiden aller Orte, die den Nebenbedingungen[148] nicht genügen, bleiben fünf Standorte $a_1, \cdots, a_5$ übrig, bei denen annähernd gleiche Qualität des Arbeitskräftereservoirs ermittelt wird. Das Führungskollegium bestehe aus sieben Mitgliedern, unter denen über die endgültige Standortwahl eine Alternativabstimmung durchgeführt werden soll. Die individuellen Präferenzordnungen der Mitglieder sind in Abb. 33 wiedergegeben.

| WRZ | $e_1$ | $e_2$ | $e_3$ | $e_4$ | $e_5$ | $e_6$ | $e_7$ |
|---|---|---|---|---|---|---|---|
| 5 | $a_1$ | $a_1$ | $a_1$ | $a_4$ | $a_3$ | $a_5$ | $a_5$ |
| 4 | $a_2$ | $a_3$ | $a_4$ | $a_5$ | $a_2$ | $a_2$ | $a_3$ |
| 3 | $a_3$ | $a_2$ | $a_3$ | $a_1$ | $a_1$ | $a_3$ | $a_4$ |
| 2 | $a_4$ | $a_4$ | $a_2$ | $a_2$ | $a_4$ | $a_1$ | $a_1$ |
| 1 | $a_5$ | $a_5$ | $a_5$ | $a_3$ | $a_5$ | $a_4$ | $a_2$ |

Abb. 33

Es soll eine einfache absolute Mehrheit herbeigeführt werden, d. h. da $M \geq Z > \frac{M}{2}$, sind mindestens 4 Stimmen für einen endgültigen Beschluß erforderlich. Im 1. Wahlgang entfallen an Stimmen auf:

$a_1$: 3 Stimmen
$a_3$: 1 Stimme
$a_4$: 1 Stimme
$a_5$: 2 Stimmen

Es ist ein 2. Wahlgang erforderlich. $a_3$ und $a_4$ werden eliminiert; von den beiden eliminierten Alternativen fallen die Stimmen gemäß der Reihenfolge in den jeweiligen Präferenzordnungen bei $a_3$ auf $a_1$, bei $a_4$ auf $a_5$. Es ergibt sich jetzt folgende Stimmenverteilung:

$a_1$: 4 Stimmen
$a_5$: 3 Stimmen

Damit ist der Standort $a_1$ die gewählte Alternative.

Das Alternativabstimmungsverfahren ist insofern eine Erweiterung des Abstimmungsverfahrens nach den ranghöchsten Alternativen, als es bei nicht erreichter Abstimmungskondition im 1. Wahlgang in weiteren Wahlgängen eine endgültige Entscheidung herbeiführt. Dabei werden auch in den anderen Wahlgängen die Meinungen der Mitglieder, deren primäre Alternativen bereits ausgeschieden wurden, in angemessen demokratischer Weise berücksichtigt. Black weist jedoch darauf hin, daß eine praktikable Anwendung nur möglich ist, wenn bei den individuellen

148 Vgl. Funke, H., Blohm, H.: Allgemeine Grundzüge des Industriebetriebes, 2. Auflage, Essen 1969, S. 64.

Präferenzordnungen keine Indifferenzen auftreten[149]. Es wird demnach eine starke Ordnung vorausgesetzt. Es muß außerdem eine ungleiche Verteilung der wertranghöchsten Alternative vorhanden sein, da sonst kein definierter Ansatzpunkt für die Elimination einer Alternative vorhanden ist. Falls jedes Gruppenmitglied eine andere höchste Präferenzalternative hat, ist demnach das Verfahren unbrauchbar.

### *3.221.3 Das Eliminationsverfahren*[150]

Bei dem Eliminationsverfahren erhält jedes Mitglied beim Vorhandensein von m Alternativen m — 1 Stimmen, d. h. eine Stimme weniger als die Anzahl der vorhandenen Entscheidungsalternativen. Dadurch wird die am Ende seiner Präferenzordnung stehende Alternative keine Stimme bekommen. Diejenige (n) Alternative (n), die jetzt bei der Abstimmung am wenigsten Stimmen erhält (erhalten), wird (werden) eliminiert. Im 2. Wahlgang erhält jedes Mitglied wiederum eine Stimme weniger als die noch restlichen vorhandenen Alternativen, und der Vorgang beginnt von neuem. In einem Beispiel seien wiederum die Präferenzordnungen von Abb. 33 gegeben. Bei 4 Stimmen für jedes Mitglied im 1. Wahlgang werden die Alternativen mit der Wertrangzahl 1 nicht gewählt. Damit ergibt sich folgende Stimmenverteilung:

$a_1$: 7 Stimmen
$a_2$: 6 Stimmen
$a_3$: 6 Stimmen
$a_4$: 6 Stimmen
$a_5$: 3 Stimmen

$a_5$ wird eliminiert. Im 2. Wahlgang hat jedes Mitglied drei Stimmen und wird wiederum gemäß seiner Präferenzordnung abstimmen. Danach ergibt sich folgende Stimmenverteilung:

$a_1$: 7 Stimmen
$a_2$: 5 Stimmen
$a_3$: 6 Stimmen
$a_4$: 3 Stimmen

Damit wird $a_4$ eliminiert. Im 3. Wahlgang ergibt sich für:

$a_1$: 5 Stimmen
$a_2$: 4 Stimmen
$a_3$: 5 Stimmen

Jetzt wird $a_2$ eliminiert. Im letzten Wahlgang erhält man:

$a_1$: 4 Stimmen
$a_2$: 3 Stimmen

Falls das Endergebnis der Abstimmungskondition genügt, ist $a_1$ die Entscheidung des Gremiums (wie nach dem Alternativverfahren). Die Praktikabilität des Eliminationsverfahrens wird jedoch dadurch eingeschränkt, daß es in vielen Wahlgängen

149 Vgl. Black, D.: The Theory of Committees and Elections, a.a.O., S. 74.
150 Ebenda, S. 69 ff.

durchgeführt werden muß, deren Zahl desto höher wird, je mehr Alternativen vorhanden sind. So ist es nur bei Ausscheidung unter wenigen Alternativen empfehlenswert. Außerdem dürfen wiederum keine Indifferenzen bei den individuellen Präferenzordnungen auftreten.

### *3.221.4 Das sukzessiv paarweise Abstimmungsverfahren*

Bei der sukzessiv paarweisen Abstimmung[151] werden immer nur zwei Entscheidungsalternativen miteinander verglichen und gegeneinander zur Abstimmung gestellt. Es sind hier zwei verschiedene Möglichkeiten zu unterscheiden:

a) Bei dem sogenannten KO-System scheidet man immer eine einmal geschlagene Alternative aus.

b) Abstimmung jeder Alternative gegen jede andere.

Beide Verfahren enthalten willkürliche Elemente, die die Objektivität und Praktikabilität in Frage stellen.

Bei dem KO-System ist die Reihenfolge außerordentlich wichtig, in der die Alternativen gegeneinander gestellt werden. Zur beispielhaften Darstellung des Verfahrens sei angenommen, daß die Reihenfolge, in der über die Alternativen paarweise abgestimmt wird, bereits festgelegt ist. Ein Führungskollegium mit drei Mitgliedern habe über verschiedene Maßnahmen abzustimmen, die den Umsatz steigern sollen. Es sind folgende Maßnahmen in Betracht gezogen:

$a_1$: Intensivierung der Werbung
$a_2$: Senkung der Preise
$a_3$: Ausbau der Verkaufsorganisation

Die Präferenzordnungen der einzelnen Mitglieder seien:

| WRZ | $e_1$ | $e_2$ | $e_3$ |
|---|---|---|---|
| 3 | $a_1$ | $a_2$ | $a_3$ |
| 2 | $a_2$ | $a_3$ | $a_1$ |
| 1 | $a_3$ | $a_1$ | $a_2$ |

Abb. 34

Je nach der festgelegten Reihenfolge der Abstimmung ergeben sich folgende Ergebnisse:

| | 1. Wahlgang | Stimmen: | 2. Wahlgang | Stimmen: | Beschluß: |
|---|---|---|---|---|---|
| 1. | $a_1$ gegen $a_2$ | 2 : 1 | $a_1$ gegen $a_3$ | 1 : 2 | $a_3$ |
| 2. | $a_1$ gegen $a_3$ | 1 : 2 | $a_3$ gegen $a_2$ | 1 : 2 | $a_2$ |
| 3. | $a_2$ gegen $a_3$ | 2 : 1 | $a_2$ gegen $a_1$ | 1 : 2 | $a_1$ |

Falls bei m Alternativen über jede einzelne gegen jede andere abgestimmt

151 Vgl. hierzu u. a. Black, D.: On the Rationale of Group Decision Making, in: Gore, W. J., Dyson, J. W. (Hrsg.): a.a.O., S. 142 ff.; Gäfgen, G.: Zur Theorie kollektiver Entscheidungen in der Wirtschaft, in: Jahrbücher für Nationalökonomie und Statistik 1961, S. 19 ff.; Krelle, W.: Preistheorie, a.a.O., S. 135 ff.

wird, sind $\frac{m(m-1)}{2}$ Wahlgänge nötig. Black hat nachgewiesen, daß bei dieser Methode zirkuläre Mehrheiten bei einer Abstimmung unter mehr als zwei Alternativen entstehen können[152]. Je größer die Anzahl der Alternativen ist, die in einer Gruppe von beliebig vielen Mitgliedern zur Wahl anstehen, desto höher ist der Prozentsatz der Zahl von Möglichkeiten, in denen keine Alternative auch nur eine einfache Mehrheit über alle übrigen Alternativen erhält[153]. Das Auftreten der Intransitivität bei der Gruppenentscheidung ist möglich, obgleich jedes Mitglied eine völlig konsistente Präferenzordnung besitzt. Bei diesem Abstimmungsverfahren nach den Präferenzordnungen in Abb. 34 würde man zu folgenden Abstimmungsergebnissen gelangen:

$a_1$ gegen $a_2$ 2 : 1 Stimmen
$a_1$ gegen $a_3$ 1 : 2 Stimmen
$a_2$ gegen $a_3$ 2 : 1 Stimmen

Die Ergebnisse dieser Abstimmung können in einer Matrix angeordnet werden:[154]

| | $a_1$ | $a_2$ | $a_3$ |
|---|---|---|---|
| $a_1$ | 0 | (2,1) | (1,2) |
| $a_2$ | (1,2) | 0 | (2,1) |
| $a_3$ | (2,1) | (1,2) | 0 |

Abb. 35

Aus dieser Abstimmungsmatrix geht unmittelbar hervor, daß keine transitive Gruppenpräferenz existiert. Wird demnach die intransitive Gruppenpräferenz offenbar, so kann ohne eine Änderung der Individualpräferenzordnungen keine konsistente Mehrheitsentscheidung getroffen werden[155]. Die Problematik bei diesem Verfahren wird auch dadurch offenbar, daß Scheinmehrheiten entstehen können. Denn hätte man im 1. Wahlgang $a_1$ gegen $a_2$ gestellt (2 : 1 Stimmen) und im 2. Wahlgang $a_2$ gegen $a_3$ (2 : 1 Stimmen), so hätte die Transitivitätsprämisse einen 3. Wahlgang überflüssig gemacht: da $a_1 > a_2$ und $a_2 > a_3$, folgt normalerweise $a_1 > a_3$. Diese Folgerung wäre aber falsch gewesen. Das Abstimmungsverfahren ist also in dieser Form nicht immer praktikabel[156].

---

152 In der Literatur wird dieses Phänomen auch als Stimmparadox oder zyklische Mehrheit behandelt. Vgl. u. a. Arrow, K. J., Social Choice and Individual Values, 2nd Edition, New York - London - Sydney 1963, S. 88 ff.; Black, D.: On the Rationale of Group Decision Making, a.a.O., S. 153 f.; Borch, K. H.: Wirtschaftliches Verhalten bei Unsicherheit, Wien - München 1969, S. 326 ff.; Krelle, W.: Präferenz- und Entscheidungstheorie, a.a.O., S. 94; Mac Garvey, R. A.: A Theorem on the Construction of Voting Paradoxes, in: Econometrica 1953, S. 608 ff.

153 Vgl. Black, D.: On the Rationale of Group Decision Making, a.a.O., S. 153.

154 In den Zellen steht die Anzahl der Stimmen, die die Alternative $a_i$ gegenüber der Alternative $a_j$ aufweist. Black nennt diese Matrix „voting matrix". In dieser Matrix ist die rechte Hälfte mit der linken negativ symmetrisch. Vgl. Black, D.: On The Rationale of Group Decision Making, a.a.O., S. 151 und 153.

155 Vgl. Riker, W. H.: Voting and the Summation of Preferences, in: The American Political Review 1961, S. 908.

156 Arrow hat im Rahmen seiner Theorie der sozialen Wahl diese Aussage deutlich formuliert: Es ist theoretisch undenkbar, bei Abstimmungen die Möglichkeit des Auftretens von zirkulären Gruppenpräferenzen zu eliminieren, sofern alle möglichen Kombinationen von Individualpräferenzen als zulässig betrachtet werden (Unmöglichkeitstheorem). Vgl. Arrow, K. J.: a.a.O., S. 96 ff.

Bei einer einschränkenden Annahme hinsichtlich der individuellen Präferenzordnungen ist es möglich, zirkuläre Gruppenpräferenzen zu eliminieren[157]. Wenn man nämlich die Präferenzordnung der an der Entscheidung beteiligten Individuen in der Art und Weise graphisch darstellt, daß alle Präferenzkurven nur ein einziges Maximum aufweisen (single-peaked preference curves), dann existiert immer eine konsistente Mehrheitsalternative. Ein derartiger Ein-Maxima-Zustand ist demnach eine hinreichende, aber keine notwendige Bedingung. Die Graphik in Abb. 36 zeigt deutlich, daß die Präferenzordnung $P_3$ zwei Maxima aufweist; demnach ist das Ein-Maxima-Postulat hier verletzt:

Abb. 36

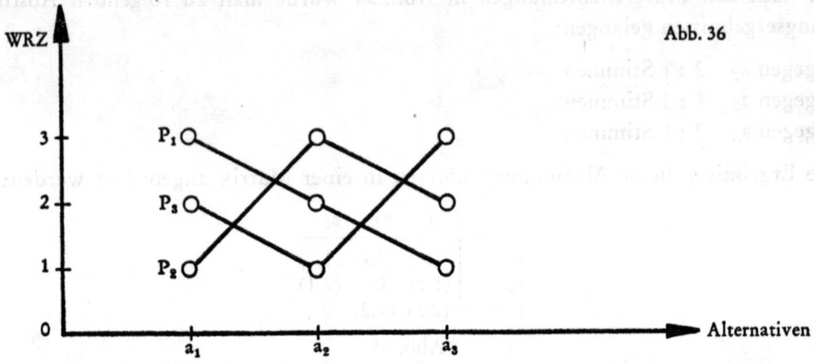


Durch eine Änderung von $P_3$ ist es möglich, die Ein-Maxima-Bedingung künstlich herbeizuführen:

| WRZ | e1 | e2 | e3 |
|---|---|---|---|
| 3 | a1 | a2 | a3 |
| 2 | a2 | a3 | a2 |
| 1 | a3 | a1 | a1 |

Abb. 37

Die Graphik weist jetzt für jede individuelle Präferenz ein einziges Maximum auf:

Abb. 38

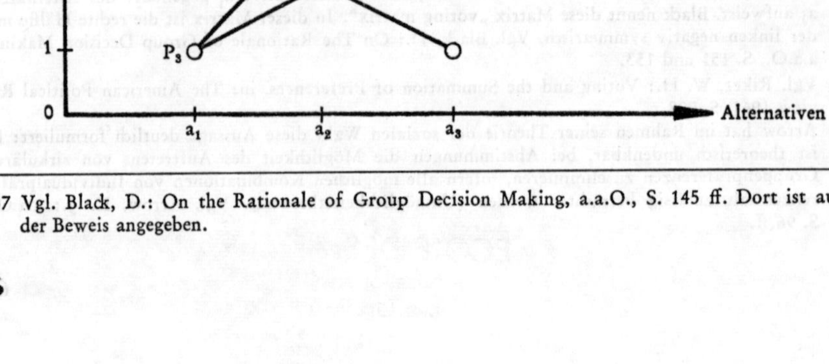


157 Vgl. Black, D.: On the Rationale of Group Decision Making, a.a.O., S. 145 ff. Dort ist auch der Beweis angegeben.

Die Abstimmungsmatrix gibt in diesem Fall ein eindeutiges Ergebnis an: $a_2$ ist die ausgewählte Alternative des Kollegiums:

| | $a_1$ | $a_2$ | $a_3$ |
|---|---|---|---|
| $a_1$ | 0 | (1,2) | (1,2) |
| $a_2$ | (2,1) | 0 | (2,1) |
| $a_3$ | (2,1) | (1,2) | 0 |

Abb. 39

Die ausgewählte Alternative kann auch graphisch bestimmt werden[158]. Stellt man die Präferenzkurven der einzelnen Mitglieder graphisch dar und werden die Maxima in der Folge ihres Auftretens auf der Abszisse von dem Nullpunkt aus fortschreitend mit $M_i$ ($i = 1, 2, \cdots, m$) bezeichnet, dann existiert eine konsistente Mehrheitsalternative $a_i$

a) bei ungerader Anzahl der $M_i$: bei

Position $M_{\frac{1}{2}(m + 1)}$

b) bei gerader Anzahl der $M_i$: bei

Position $M_{\frac{1}{2}m}$

Aus Abb. 38 geht hervor, daß bei $M_2$ ($M_{\frac{1}{2}(3 + 1)}$) die konsistente Gruppenalternative liegen muß ($a_2$). Falls m eine gerade Zahl ist, wird bei Vorliegen der Ein-Maxima-Bedingung die Alternative bei der Position $M_{\frac{1}{2}m}$ mindestens die Hälfte der vorhandenen Stimmen erhalten. Es erhebt sich nun die Frage, ob eine Praktikabilität dieses Abstimmungsverfahrens unter der Annahme eines Ein-Maxima-Zustandes der individuellen Präferenzfunktionen bejaht werden kann. Coombs weist darauf hin, daß die Existenz eines Ein-Maxima-Zustandes in einer Gruppe ein Beweis dafür sei, daß alle Mitglieder ein gemeinsames Kriterium zur Bewertung der Alternativen verwenden[159]. Danach könnte eine intransitive Gruppenpräferenz auf eine fehlende Übereinstimmung zwischen den Mitgliedern hinsichtlich des Bewertungskriteriums für die Entscheidungsalternativen zurückgeführt werden. Die meisten Führungsentscheidungen werden heutzutage jedoch unter Beachtung mehrerer Kriterien getroffen, so daß m. E. die Aussage von Coombs schon in dieser Hinsicht nicht stichhaltig ist. Eine Praktikabilität muß demnach auch unter dieser Annahme verneint werden.

---

158 Vgl. Black, D.: The Theory of Committees and Elections, a.a.O., S. 15 ff.

159 Vgl. Coombs, C. H.: Social Choice and Strength of Preference, in: Thrall, R. H., Coombs, C. H., Davis, R. L.: a.a.O., S. 69 ff.; vgl. auch Kapitel 1.21 dieser Arbeit, S. 20.

### 3.222 Die Einflußmöglichkeiten auf die Abstimmungsergebnisse durch die Anwendung von Stimmstrategien bei unvollkommenem Informationsgrad

Der Abstimmungsvorgang bietet dem Aktor verschiedene Möglichkeiten des strategischen Vorgehens, um seine meistbevorzugte Alternative durchzusetzen. Im folgenden sollen an Beispielen die Stimmstrategien aufgezeigt werden, die sich auf das Abstimmungsverfahren beziehen und für ein Führungskollegium in einem Unternehmen besonders relevant erscheinen. Dabei wird unter Strategie eine bedingte Kette von Handlungen verstanden, die dem Aktor ein optimales Endabstimmungsergebnis sichern.

Unvollkommener Informationsgrad ist so definiert, daß der Aktor die individuellen Präferenzordnungen aller anderen Mitglieder kennt, diese aber nicht die seinen. In diesem Fall kann er seine verschiedenen Handlungsmöglichkeiten dahingehend prüfen, wie sie das Ergebnis der Abstimmung beeinflussen. Die verschiedenen Handlungsweisen zur Änderung des Abstimmungsergebnisses können sein:

a) Stimmabgabe entgegen der eigenen Präferenzordnung in der Abstimmung.

b) Manipulation der Reihenfolge, mit der die Alternativen zur Abstimmung vorgelegt werden.

#### *3.222.1 Stimmabgabe entgegen der eigenen Präferenzordnung*

In besonderen Fällen ist es für den Aktor möglich, entgegen seiner eigenen Präferenzordnung zu stimmen, um ein für ihn günstigeres Ergebnis zu erreichen. Anhand von Beispielen sei diese Möglichkeit für die einzelnen Abstimmungsverfahren hier untersucht.

Bei der Untersuchung der Einflußmöglichkeiten bei dem Abstimmungsverfahren nach den ranghöchsten Alternativen seien die Präferenzordnungen wie in Abb. 34 gegeben. Darüber hinaus sei die Annahme gemacht, daß Mitglied $e_1$ Vorsitzender des Kollegiums sei und bei unentschiedenem Wahlausgang durch seine Stimme den Ausschlag gibt. Der Aktor sei $e_2$. Bei der Abstimmung nach den ranghöchsten Alternativen ist die Stimmenverteilung wie folgt:

$a_1$: 1 Stimme
$a_2$: 1 Stimme
$a_3$: 1 Stimme

Durch das Sonderstimmrecht von $e_1$ wird die Alternative $a_1$ gewählt, die auf der Präferenzordnung von $e_2$ an letzter Stelle rangiert. $e_2$ kann entgegen seiner Präferenzordnung jetzt statt $a_2$ die Alternative $a_3$ wählen; er bildet demnach mit $e_3$ eine Protokoalition[160]. Jetzt ergibt sich folgende Stimmenverteilung:

$a_1$: 1 Stimme
$a_2$: 0 Stimmen
$a_3$: 2 Stimmen

160 Unter Protokoalition sei hier eine Koalition verstanden, die nicht auf Grund von gegenseitigen Absprachen, sondern lediglich durch Taktik auf seiten des Aktors entsteht. Vgl. die andere Definition der Protokoalition bei Riker, W. H.: The Theory of Political Coalitions, a.a.O., S. 104.

Dadurch wird $a_3$ zum Beschluß des Kollegiums; diese Alternative steht auf der Präferenzordnung von $e_2$ an zweiter Stelle.

Bei dem Alternativabstimmungsverfahren kann der Aktor ebenfalls eine Stimmabgabe entgegen der eigenen Präferenzordnung vornehmen, um einen günstigeren Finalbeschluß zu erreichen. In Abb. 40 sind die individuellen Präferenzordnungen von sieben Mitgliedern eines Führungskollegiums angegeben:

| WRZ | $e_1$ | $e_2$ | $e_3$ | $e_4$ | $e_5$ | $e_6$ | $e_7$ |
|---|---|---|---|---|---|---|---|
| 5 | $a_1$ | $a_1$ | $a_1$ | $a_4$ | $a_3$ | $a_5$ | $a_5$ |
| 4 | $a_2$ | $a_3$ | $a_4$ | $a_5$ | $a_2$ | $a_2$ | $a_3$ |
| 3 | $a_3$ | $a_2$ | $a_3$ | $a_2$ | $a_5$ | $a_3$ | $a_4$ |
| 2 | $a_4$ | $a_4$ | $a_2$ | $a_3$ | $a_1$ | $a_1$ | $a_1$ |
| 1 | $a_5$ | $a_5$ | $a_5$ | $a_1$ | $a_4$ | $a_4$ | $a_2$ |

Abb. 40

Bei normalem Wahlverlauf unter vollkommenem Informationsgrad ergibt sich folgendes Ergebnis, falls als Abstimmungskondition die einfache relative Mehrheit gefordert wird:

$a_1$: 3 Stimmen
$a_3$: 1 Stimme
$a_4$: 1 Stimme
$a_5$: 2 Stimmen

Damit würde $a_1$ zum Beschluß des Gremiums. Unter der Annahme, daß $e_4$ der Aktor ist, würde die auf seiner Präferenzskala an letzter Stelle rangierende Entscheidungsalternative zum Beschluß des Kollegiums. Falls $e_4$ jedoch im 1. Wahlgang für $a_5$ votiert, ergibt sich folgender Wahlverlauf:

$a_1$: 3 Stimmen
$a_3$: 1 Stimme
$a_4$: 0 Stimmen
$a_5$: 3 Stimmen

Im 2. Wahlgang wird $a_4$ eliminiert; die Stimme fällt gemäß der Präferenzordnung von $e_4$ an $a_5$. Es ergibt sich jetzt die nächste Stimmenverteilung von:

$a_1$: 3 Stimmen
$a_3$: 1 Stimme
$a_5$: 3 Stimmen

Im letzten Wahlgang wird $a_3$ eliminiert; die Stimme fällt wiederum an $a_5$. Als endgültige Stimmenverteilung ergibt sich jetzt:

$a_1$: 3 Stimmen
$a_5$: 4 Stimmen

Damit ist $a_5$ die gewählte Alternative, die bei dem Aktor $e_4$ an zweiter Stelle seiner Präferenzordnung steht. Auch bei dem Eliminationsverfahren hat der Aktor die Möglichkeit, durch Stimmabgabe entgegen seiner Präferenzordnung eine für ihn günstigere Alternative durchzusetzen. Beispiel: In Abb. 33 sei $e_7$ der Aktor. Bei

Abstimmung nach den ursprünglichen Präferenzordnungen ergibt sich folgender Wahlverlauf:

| 1. Wahlgang | 2. Wahlgang | 3. Wahlgang |
|---|---|---|
| $a_1$: 7 Stimmen | $a_1$: 7 Stimmen | $a_1$: 5 Stimmen |
| $a_2$: 6 Stimmen | $a_2$: 5 Stimmen | $a_2$: 4 Stimmen |
| $a_3$: 6 Stimmen | $a_3$: 6 Stimmen | $a_3$: 5 Stimmen |
| $a_4$: 6 Stimmen | $a_4$: 4 Stimmen | |
| $a_5$: 3 Stimmen | | |
| ($a_5$ eliminiert) | ($a_4$ eliminiert) | ($a_2$ eliminiert) |

| 4. Wahlgang | Beschluß: |
|---|---|
| $a_1$: 4 Stimmen | $a_1$ |
| $a_3$: 3 Stimmen | |
| ($a_3$ eliminiert) | |

Falls der Aktor $e_7$ z. B. in seiner Präferenzordnung am Schluß $a_1$ und $a_2$ vertauscht und dementsprechend abstimmt, sieht der Abstimmungsvorgang folgendermaßen aus:

| 1. Wahlgang | 2. Wahlgang | 3. Wahlgang |
|---|---|---|
| $a_1$: 6 Stimmen | $a_1$: 6 Stimmen | $a_1$: 4 Stimmen |
| $a_2$: 7 Stimmen | $a_2$: 6 Stimmen | $a_2$: 5 Stimmen |
| $a_3$: 6 Stimmen | $a_3$: 6 Stimmen | $a_3$: 5 Stimmen |
| $a_4$: 6 Stimmen | $a_4$: 3 Stimmen | |
| $a_5$: 3 Stimmen | | |
| ($a_5$ eliminiert) | ($a_4$ eliminiert) | ($a_1$ eliminiert) |

| 4. Wahlgang | Beschluß: |
|---|---|
| $a_2$: 3 Stimmen | $a_3$ |
| $a_3$: 4 Stimmen | |
| ($a_2$ eliminiert) | |

Damit wird Alternative $a_3$ gewählt, die in des Aktors Präferenzordnung an zweiter Stelle steht.

Bei der Stimmabgabe nach dem KO-System sei der Vorgang an den Präferenzordnungen von Abb. 34 demonstriert. $e_1$ sei der Aktor mit der Präferenzordnung $a_1 > a_2 > a_3$. Durch die Tagesordnung sei die Reihenfolge, in der die Alternativen in der Abstimmung gegeneinandergestellt werden, folgendermaßen festgelegt: 1. Wahlgang $a_1$ gegen $a_2$, die resultierende Alternative im 2. Wahlgang gegen $a_3$. Der Beschluß des Kollegiums wäre in diesem Fall die von $e_1$ am wenigsten bevorzugte Entscheidungsalternative $a_3$. Würde $e_1$ hingegen im 1. Wahlgang entgegen seiner Präferenzordnung für $a_2$ stimmen, würde der zweistufige Abstimmungsvorgang wie folgt verlaufen:

| 1. Wahlgang: | Stimmen: | 2. Wahlgang: | Stimmen: | Beschluß: |
|---|---|---|---|---|
| $a_1$ gegen $a_2$ | 1 : 2 | $a_2$ gegen $a_3$ | 2 : 1 | $a_2$ |

Durch diese Strategie der Stimmabgabe im 1. Wahlgang kann $e_1$ zwar nicht seine höchstbewertete Entscheidungsalternative $a_1$ realisieren, jedoch die Verwirklichung der von ihm am geringsten bewerteten ($a_3$) verhindern.

Bei dem Abstimmungsverfahren, in dem jede Alternative gegen jede gestellt wird, hat der Aktor durch eine Stimmabgabe entgegen seiner Präferenzordnung einmal die Möglichkeit, eine intransitive Gruppenpräferenz zu verhindern, zum anderen kann er aber auch gerade dieselbe erst schaffen, indem er die Ein-Maxima-Bedingung zerstört.

Falls eine intransitive Gruppenpräferenz wie in den Abbildungen 34 und 35 vorliegt, könnte der Aktor $e_1$ bei Vertauschen von $a_1$ gegen $a_2$ auch nicht seine ranghöchste Alternative $a_1$ durchsetzen, aber seine „mittlere" und einen endgültigen Beschluß des Kollegiums herbeiführen. Die Abstimmung hätte dann den Verlauf wie in Abb. 39.

Falls der Aktor auf der anderen Seite einen Ein-Maxima-Zustand zerstört, kann er damit zwei Strategien verfolgen[161]. Einmal wird in diesem Fall eine sofortige Ergebnisdetermination wegen des Stimmparadoxes verhindert, d. h. es kann eine eventuell gewünschte Verzögerung oder Vertagung der Abstimmung erreicht werden. Andererseits kann der Aktor durch die Schaffung der intransitiven Gruppenpräferenz die Grundlage für eine Manipulation der Abstimmungsfolge legen, falls danach zur endgültigen Entscheidung das KO-System als Abstimmungsverfahren herangezogen wird.

### *3.222.2 Manipulation der Reihenfolge der Alternativen*

Diese Art der Stimmstrategie ist nur bei dem KO-System möglich. Bei diesem System ist die Konsequenz dieser Strategie, daß allgemein die Chance einer Entscheidungsalternative, zu siegen, um so größer wird, je später sie in die Abstimmung eingeführt wird, weil dadurch die Wahrscheinlichkeit erhöht wird, daß konkurrierende Alternativen ausgeschieden werden[162]. Voraussetzung ist jedoch, daß eine intransitive Gruppenpräferenz existiert. Es wird deutlich, daß in einem derartigen Fall dasjenige Mitglied, das die Abstimmungsfolge zu bestimmen in der Lage ist, seiner meistbevorzugten Alternative zum Abstimmungssieg verhelfen kann. Aus Abb. 34 geht hervor, daß die Reihenfolge, in der die Alternativen gegeneinandergestellt werden, folgende Ergebnisse impliziert:

| Reihenfolge: | Beschluß des Kollegiums: |
|---|---|
| $a_1 \rightarrow a_2 \rightarrow a_3$ | $a_3$ |
| $a_1 \rightarrow a_3 \rightarrow a_2$ | $a_2$ |
| $a_2 \rightarrow a_3 \rightarrow a_1$ | $a_1$ |

Werden also bei dieser Anordnung der drei Alternativen zwei paarweise Abstimmungsvorgänge nach dem KO-System durchgeführt, so siegt immer diejenige Entscheidungsalternative, die erst im 2. Wahlgang in die Abstimmung eingeführt wird. Wird über viele Alternativen nach dem KO-System abgestimmt, so determiniert bei feststehenden individuellen Präferenzordnungen eine Strategie der Reihenfolge immer das Abstimmungsergebnis.

---

161 Vgl. Riker, W. H.: Voting and the Summation of Preference, a.a.O., S. 911.

162 Vgl. Black, D.: The Theory of Committees and Elections, a.a.O., S. 40.

Zur Übersicht sind in Abb. 41 nochmals die Möglichkeiten der Einflußnahme seitens eines Aktors durch Strategien bei unvollkommenem Informationsgrad zusammengestellt:

| Abstimmungsverfahren | Beeinflussung des Abstimmungsergebnisses durch: | |
|---|---|---|
| | Stimmabgabe entgegen der eigenen Präferenzordnung | Manipulation der Reihenfolge |
| 1. Abstimmung nach den ranghöchsten Alternativen | ja | nein |
| 2. Alternativverfahren | ja | nein |
| 3. Eliminationsverfahren | ja | nein |
| 4. Sukzessiv paarweise Abstimmung: | | |
| a) KO-System | ja | ja |
| b) Jede Alternative gegen jede | ja | nein |

Abb. 41

### 3.223 Die Einflußmöglichkeiten auf die Abstimmungsergebnisse durch die Anwendung von Stimmstrategien bei relativem Unwissenheitsgrad

Durch die Annahme des unvollkommenen Informationsgrades war es möglich, den Einfluß der verschiedenen Stimmstrategien auf das Abstimmungsergebnis bei den einzelnen Verfahren aufzuzeigen. In der Realität wird jedoch zumeist der Fall vorliegen, daß bei allen Mitgliedern ein gewisses Maß an Unsicherheit bezüglich der Kenntnis der Präferenzordnungen der anderen Entscheidungsträger besteht. In diesem Fall muß der Aktor unter Annahme subjektiver Wahrscheinlichkeiten für die Präferenzordnungen der anderen Mitglieder seine Abstimmungsstrategien festlegen.

#### *3.223.1 Die Einstufung der gegnerischen Präferenzordnungen anhand von subjektiven Wahrscheinlichkeiten*

Subjektive Wahrscheinlichkeiten messen den „Grad der Gewißheit"[163], mit dem ein Individuum das Eintreten eines zukünftigen Ereignisses erwartet. In der Regel wird die subjektive Wahrscheinlichkeit als „Surrogat oder als zweitbeste Lösung für jene Situationen aufgefaßt, in denen objektive Wahrscheinlichkeiten nicht bekannt oder nicht anwendbar sind"[164]. Singuläre Ereignisse ohne sinnvolle Bezugsklasse bilden geradezu ein charakteristisches Beispiel dafür. Bei der Einstufung der gegnerischen Präferenzordnungen bleibt dem Aktor offensichtlich nichts anderes übrig, als subjektive Mutmaßungen über die Schätzungen der Wahrscheinlichkeit des ins Auge gefaßten Ereignisses bzw. der alternativ möglichen Ereignisse oder Situationen anzustellen. Die praktische Notwendigkeit der Erwartungsbildung zwingt demnach zu diesem Vorgehen.

163 Vgl. Krelle, W.: Präferenz- und Entscheidungstheorie, a.a.O., S. 198.

164 Vgl. Wild, J.: Unternehmerische Entscheidungen, Prognosen und Wahrscheinlichkeit, in: ZfB 1969, S. 84 f.

Über die Frage der Messung subjektiver Wahrscheinlichkeiten bestehen noch keine genauen Regeln, da sie Maßausdrücke darstellen, die die Intensität oder den Grad des Glaubens oder der Überzeugung einer bestimmten Person beschreiben[165]. Damit ist die Feststellung subjektiver Wahrscheinlichkeiten stets an eine bestimmte Person und ihre Werturteile

„in einem gegebenen Zeitpunkt,
einer spezifischen Situation und
gegenüber einer Reihe von Beurteilungs-
gegenständen gebunden"[166].

Daraus folgt, daß die Bewertung ein und desselben Ereignisses von Person zu Person verschieden sein kann, wobei es keine objektiven Kriterien dafür gibt, welches Individuum die Wahrscheinlichkeit richtiger beurteilt. Diese Problematik ist für die folgenden Ausführungen zu beachten.

Die Bewertung der Präferenzordnungen anhand subjektiver Wahrscheinlichkeiten dürfte indessen nicht unrealistisch sein. Bevor in Führungskollegien wichtige Entscheidungen gefällt werden, werden den einzelnen Mitgliedern beispielsweise schriftliche Unterlagen in Form von Statistiken und Planentwürfen an die Hand gegeben. Daraus erwächst zumeist eine mündliche Kommunikation aus Vorträgen, in denen die Vorschläge erläutert werden, sowie aus Diskussionen, in denen die einzelnen Mitglieder Stellungnahmen abgeben, Rückfragen stellen, und in denen die Präferenzen der einzelnen Mitglieder bereits mehr oder weniger offenbar werden[167].

Für den Aktor ist es nun möglich, die subjektiven Wahrscheinlichkeiten für die Präferenzordnungen jedes Mitglieds $e_j$ $(j = 1, 2, \cdots, n)$ nach seiner persönlichen Einschätzung für die vorhandenen Alternativen $a_i$ $(i = 1, 2, \cdots, m)$ festzulegen.

Dabei gilt:

Für jedes Mitglied $e_j$ ist

$$\sum_{i=1}^{m} w_{ij} = \sum_{i=1}^{m} \left(\frac{\alpha}{\pi}\right)_{ij} = 1 \text{ für } j = 1, 2, \cdots, n$$

Falls der Aktor alle subjektiven Wahrscheinlichkeiten schätzen muß, gibt es bei m Alternativen und n Mitgliedern $m!^{(n-1)}$ Möglichkeiten. Insbesondere bei einer Entscheidung unter vielen Alternativen ist in einem größeren Führungskollegium die simultane Überschaubarkeit und demzufolge die Anwendung von Strategien praktisch nicht mehr möglich. Falls jedoch der Aktor die Präferenzlage einiger oder sogar mehrerer Alternativen innerhalb der Präferenzordnungen der einzelnen Gruppenmitglieder mit an Sicherheit grenzender Wahrscheinlichkeit kennt, reduziert sich die Zahl der verschiedenen Möglichkeiten sehr stark, so daß die Anwendung von Strategien eventuell wieder möglich wird.

---

165 Da dies ein psychologischer Tatbestand ist, benötigt man ein psychologisches Maß, das persönliche Einstellungen mißt. Deshalb wird lediglich gefordert, daß die Wahrscheinlichkeitsurteile einer Person den Postulaten der Konsistenz und der Kohärenz genügen. Vgl. dazu Wild, J.: Unternehmerische Entscheidungen, Prognosen und Wahrscheinlichkeit, a.a.O., S. 86.

166 Ebenda, S. 85.

167 Vgl. Berelson, B., Steiner, G. A.: a.a.O., S. 547.

## C. Schluß: Zusammenfassung

1. Bei der Willensbildung in betrieblichen Führungskollegien steht das Kollegialprinzip heute im Mittelpunkt des betriebswirtschaftlichen Interesses. Durch den Umfang der Führungsarbeit, die weitgehende Aufgabenspezialisierung, die Kontrolle der Macht des einzelnen und den Leistungsvorteil einer Gruppe hat die Praktizierung des Kollegialprinzips eine zunehmende Bedeutung erfahren. Deshalb sind der Vorgang, die Arten und die Einflußfaktoren der Willensbildung in betrieblichen Führungskollegien Untersuchungsgegenstand dieser Arbeit.

2. Unter Zugrundelegung fundamentaler Prämissen der Entscheidungstheorie und unter Beachtung des Operationalitätskriteriums ist es einem Entscheidungsträger möglich, die Alternativen in einer individuellen konsistenten Präferenzordnung aufzustellen. Zu diesem Zweck muß der Entscheidungsträger eine Erwartungsstruktur bilden, da er in den meisten Fällen mit unsicheren Erwartungen konfrontiert wird. Diese Erwartungsstruktur wird dann in die individuelle Präferenzordnung transformiert.

3. Die Erwartungsstruktur kann anhand eines einzelnen Kriteriums oder anhand mehrerer Kriterien aufgestellt werden. Falls mehrere Kriterien einen Einfluß ausüben, können die Alternativen in Dominanz-, Indifferenz- oder Antinomiebeziehungen zueinander stehen. Ein besonders schwerwiegendes Problem ist es, die Antinomiebeziehungen aufzulösen, um eine eindeutige Rangfolge der Alternativen zu ermöglichen. Hier werden als Lösungswege die Kriteriengewichtung und die Auflösung mittels einer lexikographischen Ordnung herausgearbeitet.

4. Sobald die individuellen Präferenzordnungen für jedes einzelne Mitglied des Führungskollegiums feststehen, ist es realistisch, anzunehmen, daß dieselben in einer vor der Abstimmung stattfindenden Diskussion durch soziale Beeinflussung einem möglichen Umwertungsprozeß unterliegen. Unter sozialer Beeinflussung wird dabei ein Geschehen verstanden, bei dem Individuen aus einem Repertoire für sie möglicher Beeinflussungsfaktoren ihrer Zielsetzung entsprechend eine Auswahl treffen, um in anderen Personen Verhaltensweisen aufzubauen, die mit ihren Intentionen übereinstimmen. Dabei können rational-motivationale, macht-motivationale sowie emotional-motivationale Einflußdeterminanten unterschieden werden.

5. Unter rational-motivationaler Beeinflussung wird eine Beeinflussung der Entscheidungsträger durch rationale logische Argumente verstanden, die in Monologen und Diskussionen vorherrschen. Das Verhalten der Empfänger kann in fünf Kategorien eingeteilt werden, wobei absolute Konformität und absolute Diskonformität die Extremverhaltensweisen darstellen. Prozessual kann sich diese Art sozialer Beeinflussung über viele Stufen hinziehen und Wirkungen der Persistenz, der positiven oder negativen Attitüdenänderung bei den Empfängern hervorrufen. Dadurch werden diese ihre individuellen Präferenzordnungen ändern und dem Sender anpassen oder aber, falls ein Einflußversuch mißlingt, beibehalten.

6. Unter sozialer Macht wird die Möglichkeit verstanden, innerhalb einer sozialen Beziehung den eigenen Willen auch gegen Widerstand durchzusetzen. Machtbeziehungen sind auch in horizontalen Führungskollegien realistisch; sie beruhen

dort hauptsächlich auf größerem Durchsetzungsvermögen oder auf größerer Sachkenntnis oder intellektueller Fähigkeit. Machtbeziehungen innerhalb einer Gruppe können durch Dominanzrelationen sichtbar gemacht werden. Durch Bildung sogenannter Machthierarchieindices, die in zwei Ansätzen abgeleitet werden, kann die Machtkonstellation einer Gruppe auf einen Blick erkannt werden. Damit wird nachgewiesen, ob Machtbeziehungen in dem Gremium existieren und einen Einfluß auf die Willensbildung haben können.

7. Emotional-motivationale Beeinflussung schließt die allgemein menschlichen Beziehungen in Form von Sympathie und Antipathie, Freundschaft und Feindschaft ein. Die Soziometrie unterscheidet dabei positive und negative einseitige und gegenseitige Beziehungen. Diese Formen können durch die Graphentheorie und, davon abgeleitet, die Matrixalgebra sichtbar gemacht werden. Durch Kennzahlen wie Eingangs- und Ausgangsgrad sowie einem Cliquenindex können direkte und indirekte emotionale Beziehungen analysiert werden. Auch die Gleichgewichtstheorie (balancing theory) ermöglicht einen vertieften Einblick in diese schwer erfaßbaren psychologischen Gegebenheiten. Der Gleichgewichts- oder Ungleichgewichtsgrad können als Maßzahl einen ungefähren Maßstab dafür liefern, inwieweit ein emotionales Gleichgewicht innerhalb dieser Gruppe besteht.

8. Als charakteristische Konsequenzen der sozialen Beeinflussung ergeben sich Meinungskonvergenz auf der einen und die Bildung von Koalitionen auf der anderen Seite. Bei meinungskonvergentem Verhalten nimmt innerhalb einer Gruppe die Streuung der Standpunkte ab; im Extremfall der Einigung auf einen einzigen Standpunkt wird die Streuung gleich Null. Eine Koalition auf der anderen Seite ist ein zeitlich und sachlich begrenzter Zusammenschluß einiger Gruppenmitglieder mit dem Zweck, mit einer unter ihnen ausgehandelten, meistbevorzugten Gemeinschaftsalternative geschlossen bei der Abstimmung aufzutreten. Eine Koalition lohnt nur dann, wenn spezifische Eigenschaften der charakteristischen Funktion erfüllt sind. Anhand des Shapley-Wertes kann die Stärke einer Koalition und der einzelnen Koalitionsmitglieder sichtbar gemacht werden.

9. Die einzelnen Abstimmungsverfahren bei der Willensbildung werden, wie schon im Vorwort erwähnt, aus der Sicht einer normativen Theorie behandelt. Durch Modellbildung können die Verfahren unter verschiedenem Abstraktionsgrad analysiert werden. Voraussetzung für einen Finalbeschluß ist die Abstimmungskondition, bei der man Einstimmigkeit sowie einfache und qualifizierte Mehrheit unterscheidet. Bei der einstimmigen Beschlußfassung sind generell drei Möglichkeiten denkbar: in dem 1. Fall existiert keine Lösung, im 2. eine eindeutige gemeinsame Lösung, und die letzte Möglichkeit impliziert mehrere gemeinsame Lösungen. Durch besonderes Verhalten bei unvollkommenem Informationsgrad kann ein Aktor eine für ihn besonders günstige Lösung herbeiführen. Die Problematik der einstimmigen Beschlußfassung bei relativem Unwissenheitsgrad kann man an einem Modell vorführen, für das eine exakte wissenschaftliche Lösung momentan noch nicht möglich ist.

10. Bei der mehrheitlichen Beschlußfassung gibt es die einzelnen möglichen Verfahren. Dabei ist auch auf die Praktikabilität und die spezifischen Anwendungs-

möglichkeiten der Verfahren hinzuweisen. Bei unvollkommenem Informationsgrad hat der Aktor die Möglichkeit, durch Stimmabgabe entgegen der eigenen Präferenzordnung und durch Manipulation der Reihenfolge, mit der die Alternativen zur Abstimmung vorgelegt werden, die Ergebnisse zu seinen Gunsten zu beeinflussen. Bei relativem Unwissenheitsgrad über die Präferenzordnungen der anderen Mitglieder muß der Aktor die Präferenzlagen der gegnerischen Alternativen anhand von subjektiven Wahrscheinlichkeiten einstufen. Subjektive Wahrscheinlichkeiten messen den Grad der Gewißheit, mit dem ein Individuum das Eintreten eines zukünftigen Ereignisses erwartet. Durch Verbesserung der Information hinsichtlich der Präferenzordnungen der anderen Gruppenmitglieder wird der Aktor in die Lage versetzt, seine Strategien anhand eines Verhandlungsplans einzusetzen, um ein für ihn optimales Ergebnis zu erreichen.

# Literaturverzeichnis

## I. Bücher und Dissertationen


1. Ackoff, R. L.: Scientific Methods, New York 1962
2. Ahrens, H. J.: Zur Optimalität von Gruppenentscheidungen, Dissertation Braunschweig 1967
3. Arrow, K. J.: Social Choice and Individual Values, 2nd edition, New York — London — Sydney 1963
4. Berelson, B., Steiner, G. A.: Human Behavior, New York — Chicago — Burlingame 1964
5. Berger, K.-H.: Unternehmensgröße und Leitungsaufbau, Berlin 1968
6. Bidlingmeier, J.: Unternehmerziele und Unternehmerstrategien, Wiesbaden 1964
7. Black, D.: The Theory of Committees and Elections, 2nd edition, Cambridge 1963
8. Bössmann, E.: Die Ökonomische Analyse von Kommunikationsbeziehungen in Organisationen, Berlin — Heidelberg — New York 1967
9. Borch, K. H.: Wirtschaftliches Verhalten bei Unsicherheit, Wien — München 1969
10. Buchanan, J. M., Tullock, G.: The Calculus of Consent, Ann Arbor 1962
11. Coser, L. A.: Theorie sozialer Konflikte, Neuwied 1965
12. von Cube, F., Gunzenhäuser, R.: Über die Entropie von Gruppen, Quickborn 1967
13. Cyert, R. M., March, J. G.: A Behavioral Theory of the Firm, Englewood Cliffs 1963
14. Demerath, N. J., Peterson, R. A.: System, Change and Conflict, New York 1967
15. Festinger, L.: A Theory of Cognitive Dissonance, Evanston 1957
16. Flament, C.: Applications of Graph Theory to Group Structure, Englewood Cliffs 1963
17. Funke, H., Blohm, H.: Allgemeine Grundzüge des Industriebetriebes, 2. Auflage, Essen 1969.
18. Gäfgen, G.: Theorie der wirtschaftlichen Entscheidung, 2. Auflage, Tübingen 1968
19. Gordon, T.: Group-centered Leadership: a Way of releasing the Creative Power of Groups, Boston 1955
20. Griem, H.: Der Prozeß der Unternehmensentscheidung bei unvollkommener Information, Berlin 1968
21. Heider, F.: The Psychology of Interpersonal Relations, New York 1958
22. Heinen, E.: Einführung in die Betriebswirtschaftslehre, Wiesbaden 1968
23. Ders.: Das Zielsystem der Unternehmung, Wiesbaden 1966
24. Heinrich, L. J.: Die Ausschaltung von Störungen als Voraussetzung optimaler Berichterstattung, Dissertation Karlsruhe 1963
25. Henn, R., Künzi, H. P.: Einführung in die Unternehmensforschung I und II, Berlin — Heidelberg — New York 1968
26. Hofstätter, P. R.: Gruppendynamik, Hamburg 1957
27. Iklé, F. C.: Strategie und Taktik des diplomatischen Verhandelns, Gütersloh 1965
28. Israel, J.: Self-Evaluation and Rejection in Groups, Stockholm 1956
29. Johnson, D. M.: The Psychology of Thought and Judgment, New York 1955
30. Kade, G.: Die Grundannahme der Preistheorie, Berlin — Frankfurt/Main 1962
31. Kosiol, E.: Organisation der Unternehmung, Wiesbaden 1962
32. Ders.: Organisation des Entscheidungsprozesses, Berlin 1959
33. Arbeitskreis Dr. Krähe der Schmalenbach-Gesellschaft: Leitungsorganisation, Köln und Opladen 1958

34. Kramer, R.: Die Betriebswirtschaftliche Bedeutung von Information und Kommunikation, Berlin 1965
35. Krelle, W.: Preistheorie, Tübingen — Zürich 1961
36. Ders.: Präferenz- und Entscheidungstheorie, Tübingen 1968
37. Lewin, K.: Feldtheorie in den Sozialwissenschaften, Bern — Stuttgart 1963
38. Lüder, K.: Das Optimum in der Betriebswirtschaftslehre, Dissertation Karlsruhe 1964
39. Luce, R. D., Raiffa, H.: Games and Decisions, New York 1957
40. Mag, W.: Grundfragen einer betriebswirtschaftlichen Organisationstheorie, Köln und Opladen 1969
41. March, J. G., Simon, H. A.: Organizations, 9th printing, New York — London — Sydney 1967
42. Mayntz, R.: Soziologie der Organisation, Hamburg 1963
43. Menges, G.: Grundmodelle wirtschaftlicher Entscheidungen, Köln und Opladen 1969
44. Mills, T. M.: Soziologie der Gruppe, München 1969
45. Moreno, J. L.: Die Grundlagen der Soziometrie, Köln und Opladen 1967
46. von Neumann, J., Morgenstern, O.: Spieltheorie und wirtschaftliches Verhalten, Würzburg 1961
47. Pfiffner, J. M., Sherwood, F. P.: Administrative Organization, Englewood Cliffs 1960
48. Riker, W. H.: The Theory of Political Coalitions, New Haven — London 1962
49. Rosenstock, H. A.: Die Entscheidung im Unternehmensgeschehen, Bern 1963
50. Schmidt-Sudhoff, U.: Unternehmerziele und unternehmerisches Zielsystem, Wiesbaden 1967
51. Schneider, E.: Einführung in die Wirtschaftstheorie, 9. Auflage, II. Teil, Tübingen 1964
52. Strasser, H.: Zielbildung und Steuerung der Unternehmung, Wiesbaden 1966
53. Thomae, H.: Der Mensch in der Entscheidung, München 1960
54. Wächter, H.: Unternehmungs- und Unternehmerziele im sozio-ökonomischen Feld, Göttingen 1969
55. Weber, M.: Wirtschaft und Gesellschaft, 1. Bd., Köln und Berlin 1964
56. Wild, J.: Grundlagen und Probleme der betriebswirtschaftlichen Organisationslehre, Berlin 1966
57. Wittmann, W.: Unternehmung und unvollkommene Information, Köln und Opladen 1959

## II. Zeitschriftenaufsätze, Beiträge zu Sammelwerken usw.

1. Abelson, R. P., Rosenberg, M. J.: Symbolic Psychology: a Model of Attitudinal Cognition, in: Behavioral Science 1958, S. 1 ff.
2. Adam, D.: Koordinationsprobleme bei dezentralen Entscheidungen, in: ZfB 1969, S. 615 ff.
3. Adler, F., Loether, H.: Group Discussions as Persuasion Processes: A Mathematical Model, in: Soziologia Internationalis 1966, S. 27 ff.
4. Ahrens, H. J.: Der Effekt der Gruppenentscheidungstheorie auf die Optimalität von Gruppenentscheidungen, in: Psychologische Forschung 1966, S. 183 ff.
5. Albach, H.: Entscheidungprozeß und Informationsfluß in der Unternehmensorganisation, in: Schnaufer, E., Aghte, K. (Hrsg.): Organisation, Bd. 1 der TFB-Handbuchreihe, Berlin und Baden-Baden 1961, S. 357 ff.
6. Black, D.: On the Rationale of Group Decision Making, in: Gore, W. J., Dyson, J. W. (Hrsg.): The Making of Decisions, Glencoe 1964, S. 142 ff.

7. Bleicher, K.: Führungsstile, Führungsformen und Organisationsformen, in: ZfO 1969, S. 31 ff.
8. Blohm, H.: Organisationstheorie und -praxis der Unternehmensführung, in: Rationalisierung 1968, S. 116 ff.
9. Cartwright, D., Harary, F.: Structural Balance: A Generalization of Heiders' Theory, in: The Psychological Review 1956, S. 277 ff.
10. Cartwright, D., Zander, A. (Hrsg.): Group Dynamics. Evanston — New York 1953
11. Carzo, R.: Organizational Structure and Group Effectiveness, in: Administrative Science Quarterly 1963, S. 393 ff.
12. Cleland, S.: A Short Essay on a Managerial Theory of the Firm, in: Boulding, K. E., Spivey, W. A. (Hrsg.): Linear Programming and the Theory of the Firm, New York 1960, S. 209 ff.
13. Coleman, J. S.: The Mathematical Study of Small Groups, in: Solomon, H. (Hrsg.): Mathematical Thinking in the Measurement of Behavior, Glencoe 1960, S. 3 ff.
14. Coombs, C. H.: Social Choice and the Strength of Preference, in: Thrall, R. M., Coombs, C. H., Davis, R. L. (Hrsg.): Decision Processes, New York — London 1954, S. 69 ff.
15. Cross, J. G.: A Theory of the Bargaining Process, in: The American Economic Review 1965, S. 67 ff.
16. Dahl, R. A.: The Concept of Power, in: Behavioral Science 1957, S. 201 ff.
17. Davis, R. L.: The Number of Structures of Finite Relations, in: American Mathematical Sociology 1953, S. 486 ff.
18. Festinger, L.: Informal Social Communication, in: Psychological Review 1950, S. 271 ff.
19. Fiedler, F. E.: Führungsstil und Leistung koagierender Gruppen, in: Zeitschrift für experimentelle und angewandte Psychologie 1967, S. 200 ff.
20. Fouraker, L. E.: Level of Aspiration and Group Decision Making, in: Messick, S., Brayfield, A. H. (Hrsg.): Decision and Choice, New York — San Francisco — London — Toronto 1964, S. 202 ff.
21. Gäfgen, G.: Zur Theorie kollektiver Entscheidungen in der Wirtschaft, in: Jahrbücher für Nationalökonomie und Statistik 1961, S. 1 ff.
22. Grochla, E.: Erkenntnisstand und Entwicklungstendenzen der Organisationstheorie, in: ZfB 1969, S. 1 ff.
23. Gross, N., Martin, W. E., Darley, J. G.: Studies of Group Behavior: Leadership Structures in Small Organized Groups, in: Browne, P. D., Cohn, T. S. (Hrsg.): The Study of Leadership, Danville 1958, S. 396 ff.
24. Harsanyi, J.: Messung der sozialen Macht, in: Shubik, M. (Hrsg.): Spieltheorie und Sozialwissenschaften, Hamburg 1965, S. 190 ff.
25. Harsanyi, J.: Measurement of Social Power in N-Person reciprocal Power Situations, in: Behavioral Science 1962, S. 81 ff.
26. Haseloff, W.: Über Wirkungsbedingungen politischer und werblicher Kommunikation, in: Haseloff, W. (Hrsg.): Kommunikation, Berlin 1969, S. 151 ff.
27. Hasse, M.: Über die Behandlung graphentheoretischer Probleme unter der Verwendung der Matrizenrechnung, in: Wissenschaftliche Zeitschrift der TU Dresden 1961, S. 1313 ff.
28. Arbeitskreis Hax der Schmalenbach-Gesellschaft: Wesen und Arten unternehmerischer Entscheidungen, in: ZfbF 1964, S. 685 ff.
29. Heider, F.: Attitudes and Cognitive Organization, in: The Journal of Psychology 1946, S. 107 ff.
30. Heinen, E.: Die Zielfunktion der Unternehmung, in: Koch, H. (Hrsg.): Zur Theorie der Unternehmung, Wiesbaden 1962, S. 9 ff.

31. Heinrich, L. J.: Zur rechnerischen Lösung von Organisationsproblemen mit Hilfe der Graphentheorie, in: Layer, M., Strebel, H. (Hrsg.): Rechnungswesen und Betriebswirtschaftspolitik, Berlin 1969, S. 169 ff.

32. Hoppe, F.: Das Anspruchsniveau, in: Thomae, H. (Hrsg.): Die Motivation menschlichen Handelns, Köln — Berlin 1965, S. 218 ff.

33. Horowitz, M. W., Lyons, J., Perlmutter, H. V.: Inductions of Forces in Discussion Groups, in: Human Relations 1951, S. 57 ff.

34. Iklé, F. C., Leites, N.: Verhandlungen — ein Instrument zur Modifikation der Nutzenvorstellungen, in: Shubik, M. (Hrsg.): Spieltheorie und Sozialwissenschaften, Hamburg 1965, S. 255 ff.

35. Irle, M.: Gruppendynamik und Kommunikation, in: Haseloff, W. (Hrsg.): Kommunikation, Berlin 1969, S. 39 ff.

36. Koch, H.: Über eine allgemeine Theorie des Handelns, in: Koch, H. (Hrsg.): Zur Theorie der Unternehmung, Wiesbaden 1962, S. 369 ff.

37. Kosiol, E.: Modellanalyse als Grundlage unternehmerischer Entscheidungen, in: ZfhF 1961, S. 318 ff.

38. Kossitsch, M. M.: Zellen und Cliquen, in: Kölner Zeitschrift für Soziologie 1952/53, S. 232 ff.

39. Krug, H.: Parameter von Kommunikationsstrukturen — Möglichkeiten und Grenzen ihrer Anwendung, in: ZfO 1969, S. 81 ff.

40. Landau, H. G.: On Dominance Relations and the Structure of Animal Societies. I. Effect of Inherent Characteristics, in: Bulletin of Mathematical Biophysics 1951, S. 1 ff.

41. Ders.: On Dominance Relations and the Structure of Animal Societies III. The Condition for the Score Structure, in: Bulletin of Mathematical Biophysics 1953, S. 143 ff.

42. Lorge, J., Solomon, H.: Group and Individual Behavior in Free-Recall Verbal Learning, in: Chiswell, J. H., Solomon, H., Suppes, P. (Hrsg.): Mathematical Methods in Small Group Processes, Stanford 1962, S. 221 ff.

43. Lüthi, H.: Die Überlebensfähigkeit der Unternehmung, in: Die Unternehmung 1969, S. 211 ff.

44. Luce, R. D., Rogow, A. A.: Die Machtverteilung im Kongreß für ein stabiles Zweiparteiensystem, in: Shubik, M. (Hrsg.): Spieltheorie und Sozialwissenschaften, Hamburg 1965, S. 171 ff.

45. Mac Garvey, R. A.: A Theorem on the Construction of Voting Paradoxes, in: Econometrica 1953, S. 608 ff.

46. March, J. G.: The Business Firm as a Political Coalition, in: The Journal of Politics 1962, S. 662 ff.

47. Mayntz, R.: Die Organisationssoziologie und ihre Beziehungen zur Organisationslehre, in: Schnaufer, E., Aghte, K. (Hrsg.): Organisation, Bd. 1 der TFB-Handbuchreihe, Berlin und Baden-Baden 1961, S. 29 ff.

48. Minas, J. S., Ackoff, R. L.: Individual and Collective Judgments, in: Shelly, M. W., Bryan, G. L. (Hrsg.): Human Judgment and Optimality, New York — London — Sydney 1964, S. 351 ff.

49. Parks, F. N.: Group Management, European Style, in: Business Horizons 1966, S. 83 ff.

50. Pen, J.: A General Theory of Bargaining, in: The American Economic Review 1952, S. 24 ff.

51. Radner, R.: Mathematical Specification of Goals for Decision Problems, in: Shelly, M. W., Bryan, G. L. (Hrsg.): Human Judgments and Optimality, New York — London — Sydney 1964, S. 178 ff.

52. Restle, F.: Speed and Accuracy of Cognitive Achievement in Small Groups, in: Chiswell, J. H., Solomon, H., Suppes, P. (Hrsg.): Mathematical Methods in Small Group Processes, Stanford 1962, S. 250 ff.

53. Riker, W. H.: Voting and the Summation of Preferences, in: The American Political Review 1961, S. 900 ff.

54. Rühl, G.: Arbeitswissenschaftliche Optimierung technischer und organisatorischer Systeme, in: Stöhr, R. (Hrsg.): Unternehmensführung auf neuen Wegen, Wiesbaden 1967, S. 87 ff.

55. Sauermann, H., Selten, R.: Anspruchsanpassungstheorie der Unternehmung, in: Zeitschrift für die gesamte Staatswissenschaft 1962, S. 577 ff.

56. Schramm, W. (Hrsg.): Grundfragen der Kommunikationsforschung, München 1968.

57. Schwarz, H.: Die Organisation der Unternehmensleitung, in: Schnaufer, E., Aghte, K. (Hrsg.): Organisation, Bd. 1 der TFB-Handbuchreihe, Berlin und Baden-Baden 1961, S. 579 ff.

58. Shapley, L. S.: A Value for N-Person Games, in: Kuhn, H. W., Tucker, A. W. (Hrsg.): Contributions to the Theory of Games, Princeton 1953, S. 307 ff.

59. Ders.: Simple Games, an Outline of the Descriptive Theory, in: Behavioral Science 1962, S. 59 ff.

60. Ders. und Shubik, M.: A Method of Evaluating the Distribution of Power in a Committee System, in: American Political Science Review 1954, S. 587 ff.

61. Shubik, M.: Spieltheorie und die Untersuchung des sozialen Verhaltens: Eine einführende Darstellung, in: Shubik, M. (Hrsg.): Spieltheorie und Sozialwissenschaften, Hamburg 1965, S. 13 ff.

62. Siegel, S.: Level of Aspiration and Decision Making, in: Messick, S., Brayfield, A. H. (Hrsg.): Decision and Choice, New York — San Francisco — London — Toronto 1964, S. 113 ff.

63. Simon, H. A.: The Role of Expectations in an Adaptive or Behavioristic Model, in: Bowman, M. J. (Hrsg.): Expectations, Uncertainty and Business Behavior, New York 1958, S. 56 ff.

64. Smoke, W. H., Zajonc, R. B.: On the Reliability of Group Judgments and Decisions, in: Chiswell, J. H., Solomon, H., Suppes, P. (Hrsg.): Mathematical Methods in Small Group Processes, Stanford 1962, S. 322 ff.

65. Süllwold, F.: Bedingungen und Gesetzmäßigkeiten im Problemlösungsverhalten, in: Graumann, C. F. (Hrsg.): Denken, Köln — Berlin 1965, S. 273 ff.

66. Teger, A. J., Pruitt, D. G.: Components of Group Risk Taking, in: Journal of Experimental Social Psychology 1967, S. 189 ff.

67. Wild, J.: Unternehmerische Entscheidungen, Prognosen und Wahrscheinlichkeiten, in: ZfB 1969, S. 60 ff.

68. Wilson, C., Alexis, M.: Basic Framework for Decisions, in: Gore, W. J., Dyson, J. W. (Hrsg.): The Making of Decisions, Glencoe 1964, S. 182 ff.

# Abkürzungsverzeichnis

| | |
|---|---|
| AktG | Aktiengesetz |
| AN | Anspruchsniveau |
| BFuP | Betriebswirtschaftliche Forschung und Praxis |
| BGBl | Bundesgesetzblatt |
| d. h. | das heißt |
| Hrsg. | Herausgeber |
| i. d. R. | in der Regel |
| i. e. S. | im engeren Sinne |
| m. E. | meines Erachtens |
| Man. Sci. | Management Science |
| TIG | Tatsächlicher Informationsgrad |
| u. a. | unter anderem, unter anderen |
| u. s. f. | und so fort |
| WRZ | Wertrangzahl |
| z. B. | zum Beispiel |
| ZfB | Zeitschrift für Betriebswirtschaft |
| ZfbF | Zeitschrift für betriebswirtschaftliche Forschung |
| ZfhF | Zeitschrift für handelswissenschaftliche Forschung |
| ZfO | Zeitschrift für Organisation |

# Stichwortverzeichnis